Witzmann et al.

ICF-basierte Förder- und Teilhabeplanung für psychisch kranke Menschen

Verlag Hans Huber

Programmbereich Psychiatrie

HUBER

Markus Witzmann · Eva Kraus
Tanja Gerlach · Ruth Weizel

ICF-basierte Förder- und Teilhabeplanung für psychisch kranke Menschen

Verlag Hans Huber

Korrespondenzanschrift:
Dr. phil Markus Witzmann
kbo
Kliniken des Bezirks Oberbayern – Kommunalunternehmen
Prinzregentenstr. 18
80538 München

Lektorat: Dr. Klaus Reinhardt
Herstellung: Adrian Susin
Bearbeitung: Ulrike Boos, Freiburg
Umschlaggestaltung: Claude Borer, Basel
Druckvorstufe: punktgenau GmbH, Bühl
Druck und buchbinderische Verarbeitung: AZ Druck und Datentechnik GmbH, Kempten
Printed in Germany

Bibliografische Information der Deutschen Nationalbibliothek
Die Deutsche Nationalbibliothek verzeichnet diese Publikation in der Deutschen Nationalbibliografie; detaillierte bibliografische Daten sind im Internet über http://dnb.d-nb.de abrufbar.

Anregungen und Zuschriften bitte an:
Verlag Hans Huber
Lektorat Medizin/Gesundheit
Länggass-Strasse 76
CH-3000 Bern 9
Tel: 0041 (0)31 300 4500
verlag@hanshuber.com
www.verlag-hanshuber.com

1. Auflage 2015

ISBN 978-3-456-85509-7

Inhalt

Geleitwort

Das vorliegende Handbuch entstand im Rahmen eines Projekts bei einem mittelgroßen Sozialunternehmen im Großraum München in Trägerschaft des Bezirks Oberbayern. Dieser Bezirk ist einer der 23 «überörtlichen Träger der Sozialhilfe», die sich in der «Bundesarbeitsgemeinschaft der überörtlichen Träger der Sozialhilfe» (BAGüS) zusammengeschlossen haben. Diese Gebietskörperschaften heißen in Bayern Bezirke, in anderen Bundesländern heißen sie Landschaftsverbände usw. Gemeinsam ist ihnen, dass sie ihre Leistungen über sogenannte Umlagen auf die Kommunen (die Landkreise und kreisfreien Städte) ihres Einzugsgebietes finanzieren. Diese wiederum werden vor allem über Bundesmittel refinanziert. Diese Mittel fließen über die Bundesländer an die Kommunen zurück. So etwa kann man das idealtypisch darstellen; die Mehrheit der Bundesländer behält diese Mittel aber ein – und gibt sie nicht oder nur teilweise an die Kommunen weiter. Das Land Bayern ist hier eine der wenigen Ausnahmen von dieser problematischen Praxis.

Die überörtlichen Träger der Sozialhilfe sind, umgangssprachlich gesagt, zuständig für die Gewährung der sogenannten Eingliederungshilfe für Menschen mit seelischen, geistigen und körperlichen Behinderungen, soweit diese oder ihre gradlinigen Angehörigen nicht für solche Leistungen selbst aufkommen können. Aus der Sicht der Betroffenen sind die überörtlichen Träger der Sozialhilfe für die Gewährung von Leistungen zuständig, soweit die Betroffenen entweder arm oder aufgrund ihrer Behinderung arm geworden sind.

Diese Leistungen können nur dann in Anspruch genommen werden, wenn die großen Leistungsträger (Rente, Arbeitsagentur, Krankenkassen, Jugendamt etc.) entsprechende Leistungen nicht bzw. nicht mehr erbringen.

Die 23 überörtlichen Träger der Sozialhilfe Deutschlands führen ein relatives Eigenleben und betreiben regionale Sozialpolitik, die unterschiedlicher nicht sein kann. Von Leistungsgerechtigkeit ist die deutsche Behindertenpolitik weit entfernt. Dafür aber ist sie, was die an Sozialhilfe gebundene Eingliederungshilfe angeht, regional strukturiert.

Die 23 Gebietskörperschaften haben verschiedene Verfahren für die Leistungsgewährung (Hilfeplanverfahren) entwickelt. In der Regel wurden diese Verfahren im Konsens mit den regional vorhandenen Leistungserbringern (Sozialunternehmen, Wohlfahrtverbänden etc.) kooperatistisch so ausgehandelt, dass die Leistungserbringer die Vorgaben dieser 23 Träger realisieren können. Dies hat die Folge, dass in Regionen mit einem hohen Ambulantisierungsgrad der Eingliederungshilfe wohnortnahe Einrichtungen vergleichsweise leichter zu realisieren sind als in Regionen, in denen die Heime vorherrschen.

Gegenüber diesen reichlich komplizierten Sachverhalten hat der Deutsche Bundestag verschiedene Gesetze verabschiedet, um die Lage der behinderten Menschen anzugleichen, transparenter zu machen, zur Wohnortnähe der Leistungsvergabe zu verpflichten, den Ambulantisierungsgrad der Eingliederungshilfe zu erhöhen, bundeseinheitliche Standards einzuführen und vieles andere mehr. Weitere legalistische Initiativen sind für die nächsten Jahren geplant, wie etwa das Bundesteilhabegesetz zur Reform der Eingliederungshilfe.

Hervorzuheben ist die Verabschiedung des IX. Sozialgesetzbuches zur Rehabilitation und Teilhabe behinderter Menschen (2001). Mit diesem Gesetzbuch wurde die Leistungsvergabe für behinderte Menschen auf der Grundlage der ICF (die in demselben Jahr von der WHO verabschiedet wurde) für alle Leistungsträger rechtsverbindlich. Im internationalen Kontext wird die Verabschiedung des IX. Sozialgesetzbuches bis heute als das Beispiel für die fortschrittlichste Behindertenpolitik eines Staates angesehen.

Das Vorwort zum neuen SGB IX wurde einige Jahre später als eine wichtige rhetorische Grundlage für das 2006 von der UNO verabschiedete «Übereinkommen über die Rechte von Menschen mit Behinderungen» (Behinderungsrechtskonvention, BRK) benutzt. Diese Konvention wurde 2008 vom Deutschen Bundestag als Gesetz verabschiedet und 2009 für die meisten Länder der Europäischen Union mit dem sog. Lissaboner Vertrag nochmals verbindlicher.

Verkürzt und vereinfacht gesagt, soll Behindertenhilfe nicht mehr «eingliedern» oder «integrieren», sondern umgekehrt sollen die Hilfen dazu beitragen, den sozialen, körperlichen und psychischen Kontext für behinderte Menschen zu verbessern. Mit dieser Formulierung wird das bekannte deutsche Wortungetüm «Teilhabe am Leben in der Gemeinschaft» vielleicht verständlicher. Anders gesagt: Die neue Behindertenhilfe (IX. Sozialgesetzbuch, Behindertenrechtskonvention) zielt darauf ab, die Belastungen (burdens) aufgrund der Behinderung soweit wie möglich zu minimieren. Behandlung/Therapie/Hilfe (treatment) ist in der Denkweise nach wie vor wichtig, soweit diese die Teilhabechancen erhöht.

Es dauerte Jahre, bis die Leistungsträger begannen, die ICF als Grundlage zur Hilfebedarfsfeststellung zu akzeptieren. Hierbei waren die Initiative «SGB IX umsetzen» des Behindertenbeauftragten der Bundesregierung und nicht zuletzt die Rechtsprechung der Sozialgerichte hilfreich. Ein vergleichsweise großes Beharrungsvermögen zeigten die Träger der Eingliederungshilfe gegenüber der Einführung der ICF. Erst 2009, also acht Jahre nach Verabschiedung des SGB IX, gab die BAGüS eine vorsichtig formulierte «Orientierungshilfe» zur Umsetzung des SGB IX und zur Einführung der ICF heraus (BAGüS 2009).

In dieser Orientierungshilfe werden Krankheitsdiagnosen und Krankheitssymptome beschrieben. Das Ausmaß der Teilhabebeeinträchtigungen und der Hilfebedarf einer Person können auf der Basis einer alleinigen ICD-Kodierung nicht bemessen werden.

Zum Beispiel

Eine Person leidet an einer anhaltenden wahnhaften Störung (als F22.- in der ICD zu kodieren). Der Hilfebedarf dieser Person ist vermutlich groß, wenn diese Person ihren sozialen Kontext aufgrund der wahnhaften Störung verloren hat. Er ist vermutlich klein, wenn der soziale Kontext diese Person stützt. Schließlich ist der Hilfebedarf auch von persönlichen Faktoren abhängig. Hinzu kommt: Einige Personen beanspruchen viele, andere wenige Hilfen – bei einer identischen Störung und einem identischen sozialen Kontext.

Dieser Sachverhalt wird in dieser Orientierungshilfe wie folgt verklausuliert:

> *Krankheitsdiagnosen und Krankheitssymptome beschreiben nicht das Ausmaß der Teilhabebeeinträchtigung, die gegebenenfalls als Folge einer Krankheit oder eines gesundheitlichen Problems entstanden ist. Zur näheren Bestimmung des Rehabilitationsbedarfs sind Angaben erforderlich, die eine Beschreibung der Einschränkungen der funktionalen Gesundheit ermöglichen. Hierfür ist die Internationale Klassifikation der Funktionsfähigkeit, Behinderung und Gesundheit* (International Classification of Functioning, Disability and Health, ICF) der WHO anwendbar. (S. 8)

Den Konstrukteuren der ICD waren diese Einschränkungen bewusst. Vor diesem Hintergrund organisierten sich innerhalb der WHO ab den 1970er Jahren Arbeitsgruppen, die neben der ICD ein weiteres Klassifikationssystem entwickelten. Dieses System wurde später ICF genannt. Es ist im Unterschied zur ICD relational (Körper in Beziehung zu Psyche und sozialem Kontext) und funktional (z.B.: Welche präzise zu beschreibenden Funktionen kann ich erfüllen, obwohl ich unter einer psychotischen Episode leide?).

Die ICD wurde weitgehend im Konsensverfahren auf der Grundlage gemeinsamer Nenner innerhalb der Psychiatrie erstellt. Sie beansprucht weltweite Gültigkeit, über alle Kulturen und sozialen Lagen hinweg. Deswegen ist sie sehr abstrakt formuliert, und deswegen ist ihre Reichweite auf die Benennung und Klassifikation der Defizite einer Person in allgemeiner Form beschränkt. Dies ist kein Manko eo ipso (obwohl dies manchmal so hingestellt wird). Weil sie eine Störung/Krankheit unabhängig von sozialen, kulturellen und psychischen Kontexten und unabhängig von den Ressourcen klassifiziert, hat die ICD (wenn überhaupt) auch nur eine begrenzte prognostische Aussagekraft. Vereinfacht gesagt, gibt die ICD eine Auskunft zur Topografie des Schadens, der Störung/Krankheit. Sie bietet eine Nomenklatur, öffnet Pfade für mögliche Behandlungen und für die Abrechnungen dieser Leistungen.

Die ICF ist weder als ein Anhängsel der ICD noch als eine Alternative zur ICD zu verstehen. Wie die ICD beansprucht sie weltweite Gültigkeit und Handhabbarkeit, über alle Kulturen und sozialen Lagen hinweg. Sie ummantelt die individuelle ICD-Kodierung. In standardisierter Form fragt sie nach der Funktionsfähigkeit einer Person mit Behinderungen – also auch von Menschen mit psychischen Beeinträchtigungen. Von ihrer Handhabung her ist sie explizit multiprofessionell angelegt. Für dieses Merkmal wurde später in deutscher Sprache das (in meinen Augen sehr missverständliche) Schlagwort «bio-psycho-soziales Krankheitsmodell der WHO» propagiert.

Fünf gute Gründe zur Lektüre dieses Handbuchs

1. In diesem Handbuch wird zum ersten Mal ein Projekt zur ICF-basierten Förderplanung mit dem Schwerpunkt der sozialen Rehabilitation vorgestellt. Allein diese Thematik macht dieses Handbuch lesenswert.
2. In dem Handbuch werden die wesentlichen Grundlagen der ICF aus der Perspektive der sozialen Rehabilitation verständlich gemacht und auf die Berufspraxis einer fortschrittlichen Eingliederungshilfe in konkreten, nachvollziehbaren Schritten übersetzt.
3. Das Handbuch gibt nicht nur eine Übersicht zur gesamten relevanten deutschsprachigen Literatur zum Thema (Stand Juli 2014). Diese Literatur wird auch anwendungsbezogen diskutiert.
4. Das Handbuch motiviert zum Nachmachen und zur Entwicklung weiterer handhabbarer Instrumente zu den verschiedenen Varianten der Eingliede-

rungshilfe. Die von den Autoren vorgestellten «Tools» und «Itemlisten», also die Instrumente und Verfahren zur Förderplanung, wurden von der Projektgruppe getestet und kritisch bewertet.

5. Schließlich veranschaulicht das Handbuch, warum und wie man die Mitarbeiter partnerschaftlich mit internen und (einem) externen Referenten qualifiziert – und dies auf eine Art und Weise, dass die ICF-basierte Förderplanung als Bereicherung und nicht als notwendiges Übel gesehen wird.

Es ist zu hoffen, dass dieses Handbuch auch dazu dient, eine gemeinsame Sprache und gemeinsame Standards für die Berufspraxis der sozialen Rehabilitation zu entwickeln. In diesem Sinne wäre zu überlegen, gemeinsam mit anderen Leistungsanbietern und Betroffenenverbänden jährliche Tagungen zu offerieren.

Prof. Dr. Manfred Cramer
Professor an der Hochschule für angewandte Wissenschaften München
Studiengangleiter Master Mental Health

Einleitung

Die ressourcen- und personenzentrierte Hilfe- und Förderplanung gehört in den Einrichtungen des außerklinischen, ambulant psychiatrischen Hilfesystems zum State of the Art.

Obwohl die ICF (International Classification of Functioning, Disability and Health) – angesichts ihres Kerngedankens, Behinderung als Ergebnis komplexer Wechselwirkungen zwischen Funktionsfähigkeit, Umwelt und Person zu beschreiben – den geeigneten Bezugsrahmen für Ressourcenorientierung und Personenzentrierung darstellt, wird sie in der Praxis der Hilfe- und Förderplanung in den ambulant-psychiatrischen Einrichtungen bislang nur wenig berücksichtigt.

Während in der beruflichen und in der medizinischen Rehabilitation die ICF vielerorts die teilweise auch verbindliche Grundlage für Assessment- und Förderinstrumente ist[1], beginnt im Bereich der sozialen Rehabilitation erst allmählich ein entsprechender fachlicher Diskurs[2].

Die Anzahl der Akteure, die sich aktiv und anwendungsorientiert mit der Nutzung der ICF in der sozialen Rehabilitation für erwachsene psychisch kranke Menschen[3] befassen, ist sehr überschaubar. Trotz vielfacher Empfehlungen, die ICF in die Hilfe- und Förderplanung bei psychisch kranken Menschen einzubeziehen, existieren bislang kaum entsprechende Instrumente (vgl. hierzu z. B. Deutscher Verein für öffentliche und private Fürsorge e. V. 2009: 10).

1 In den Datenbank Rehadat (vgl. www.rehadat-forschung.de 15.03.2014) und dimdi (www.dimdi.de) werden zahlreiche, auch anwendungsorientierte ICF-Projekte aus dem Bereich der medizinischen und beruflichen Reha aufgelistet. Im Bereich der sozialen Rehabilitation dagegen finden sich kaum entsprechende Beispiele. Im deutschen Sozialgesetzbuch sind Leistungen der Eingliederungshilfe für Menschen mit körperlicher, geistiger, seelischer oder Sinnesbehinderung als soziale Rehabilitation (nach SGB XII) neben der beruflichen und medizinischen Rehabilitation (vorwiegend SGB III, V und VI) verankert.

2 So ist die ICF im Hilfe- und Bedarfsplanungsinstrument der hessischen Eingliederungshilfe (Integrierter Teilhabe Plan – ITP) beispielsweise fester Bestandteil (vgl. Landeswohlfahrtsverband Hessen 2011). Zu hinterfragen ist aus Sicht der Autorenschaft allerdings, dass die ICF dort zur unmittelbaren Bestimmung des Hilfebedarfs herangezogen wird.

3 Wir verwenden den Terminus «psychisch krank», da sich viele unserer Klienten damit besser identifizieren können als mit dem in der internationalen Behindertenpolitik und in relevanten Sozialgesetzen verwendeten Terminus «seelisch behinderte Menschen». Gemeint sind alle Menschen, die aufgrund erheblicher psychischer Belastungen Anspruch auf Teilhabe am gesellschaftlichen Leben nach SGB IX haben.

Das kbo-Sozialpsychiatrische Zentrum in der Form einer gemeinnützigen GmbH (kbo-SPZ[4]), ein ambulanter, außerklinischer Träger von Wohn- und Arbeitsangeboten für psychisch kranke Menschen, hat sich im Jahr 2011 auf den Weg gemacht, die ICF für die Förderplanung zu nutzen. Die Erfahrungen der insgesamt zweijährigen Projektphase sind ermutigend: Auf der Grundlage der ICF lassen sich aktuelle Teilhabe-Beeinträchtigungen unter dem Blickwinkel eines bio-psycho-sozialen Modells von Behinderung und unter Aspekten von Personenzentrierung, Empowerment und Ressourcenorientierung erfassen. Die systematisch daraus abgeleiteten Ziele und Maßnahmen sowie fachlichen Unterstützungsleistungen sind für Klienten und Fachpersonal wesentlich transparenter und verbindlicher als dies früher der Fall war.

Mit der Herausgabe dieses Handbuchs wollen wir andere Anbieter von ambulanten außerklinischen Leistungen für psychisch kranke Menschen ermutigen, sich mit der Nutzung der ICF aktiv zu befassen. Auch Leistungsträger, die für die Erbringung von Sozial- und Wiedereingliederungsleistung für psychisch kranke Menschen zuständig sind, können Anregungen aus den hier gewonnenen praktischen Erfahrungen nutzen und diese in die Rahmenbedingungen für die Bereitstellung von Leistungen einbringen. Das vorliegende Handbuch kann hierfür als Grundlage genutzt und auf die je spezifischen Belange der Anbieter und der vorgeschriebenen Förderplanung der Leistungsträger angepasst werden.

Entlang des Praxisbeispiels bietet das Handbuch:

- Grundlagen zur ICF und zur Förderplanung bei erwachsenen psychisch kranken Menschen
- eine systematische Übersicht über Projektphasen und -strukturen
- erprobte Module sowie eine Sammlung der wichtigsten Arbeitsmaterialien
- fundierte erfahrungsbasierte Handlungsempfehlungen zur Unterstützung der Umsetzung in die Praxis.

4 Mehr Informationen über die Einrichtung kbo-SPZ, über Träger, Leistungen und Angebote finden Sie unter www.kbo-spz.de.

Das Handbuch gliedert sich in vier Teile:

1. Im ersten Teil werden im Anschluss an eine fachlich-ethische Positionsbestimmung die wichtigsten Grundlagen zur Förderplanung in der Arbeit mit psychisch kranken Menschen sowie die wichtigsten Eckpunkte und Aspekte der ICF dargestellt.
2. Entlang des Praxisbeispiels «ICF-basierte Förderplanung» wird im zweiten Teil die Durchführung eines entsprechenden Projekts anschaulich beschrieben. In jedem Kapitel werden zunächst relevante Grundlagen aus dem Projektmanagement dargestellt und anschließend die Durchführung skizziert. Unsere Erfahrungen werden als Empfehlungen, Module und Tools aufbereitet. Diese sind so gestaltet, dass sie von verschiedenen Einrichtungen mit ihren je spezifischen Rahmenbedingungen – einzeln oder kombiniert – adaptiert und zur Entwicklung und Einführung einer ICF-basierten Förderplanung genutzt werden können.
3. Der dritte Teil beschreibt die durch das kbo-SPZ begleitend durchgeführte qualitativ angelegte Projektevaluation inklusive ausgewählter Ergebnisse.
4. Teil vier des Handbuchs enthält ausgewählte Aspekte hinsichtlich des Weiterentwicklungsbedarfs und -potenzials der ICF und der ICF-basierten Förderplanung.

Teil I – Grundlagen

1 – ICF-basierte Förderplanung – ein weiterer Beitrag zur Technokratisierung der Betreuungsarbeit?

Sowohl von Berufspraktikern als auch in fachtheoretischen Diskursen wird im Zusammenhang mit Hilfeplanung, Bedarfserfassung und neuerdings auch mit der ICF (International Classification of Functioning, Disability and Health) immer wieder von einer «Technokratisierung»[5] der Betreuungsarbeit gesprochen.

Unser Verständnis der ICF ist positiv konnotiert. Wir stellen deshalb an den Anfang unseres Handbuchs eine kurze Positionsbestimmung. Darin soll unser Grundverständnis von Hilfe- und Förderplanung dargelegt werden, auch um Missverständnissen beim Leser vorzubeugen.

Im gesamten sozialen Sektor werden in den letzten Jahrzehnten immer deutlicher ökonomische Kriterien wie Qualitätskontrolle, Effizienz und vor allem Effektivität gefordert (vgl. Kraus 2009). Im Fokus steht dabei unter anderem, den Erfolg von Betreuungsarbeit sowohl auf individueller als auch auf institutioneller Ebene anhand vereinbarter Ziele messbar zu machen. Die Ökonomie stützt sich hierbei auch auf Ergebnisse der Motivationsforschung (Zielerforschung) im Bereich der Arbeits- und Organisationspsychologie. Diese geht davon aus, dass ohne Ziele Handlungen undenkbar sind. Menschen steuern den Einsatz der Fähigkeiten und Fertigkeiten bei ihren Handlungen durch ihre Ziele und richten ihre Vorstellungen und ihr Wissen auf die angestrebten Handlungsergebnisse hin aus (vgl. Kleinbeck 2006: 255–275). Nach Elliot und Freyer (2008: 235–250) haben Ziele einen starken Einfluss auf menschliches Handeln, weil sie ein wesentlicher Verursacher von Motivation sind.

Koestner et al. (2002: 213–244) konnten nachweisen, dass erst durch eine hohe Identifikation mit dem angestrebten Ziel in Kombination mit

---

5 In Diskursen um die Entwicklung und Professionalisierung der Sozialen Arbeit ist der Begriff Technokratisierung überwiegend negativ konnotiert. Er steht im Zusammenhang mit neoliberalen Entwicklungen und umschreibt eine auf Grundsätzen der Rationalität, Effektivität, Zielorientierung basierende Haltung und Handlungspraxis, die, verbunden mit dem Bestreben nach Steuerung und Standardisierung, auf Kosten unmittelbarer, «natürlicher» menschlicher Begegnungen umgesetzt wird (vgl. hierzu z. B.: Müller De Menezes 2011: 149; Busse & Ehlert 2009: 199).

einer gut ausgeführten konkreten Planung die höchsten Effekte der Zielerreichung erwirkt werden. Locke und Latham (1990) stellten fest, dass Ziele mit einer hohen Erfolgsaussicht möglichst im positiven Sinne anforderungsreich und spezifisch formuliert sein sollten. Das von ihnen formulierte «SMART-Prinzip» (*S*pecific, *M*easurable, *A*ttractive, *R*ealistic, *T*erminated) gilt auch in der Hilfeplanung mit psychisch kranken Menschen als Anforderung an gut beschriebene Ziele.

Bezogen auf die direkte Klientenarbeit wird die Betreuung entlang vereinbarter Ziele und fachlicher Unterstützungsleistungen seitens der Fachwelt teilweise mit großem Unbehagen kommentiert. Befürchtet wird, dass die Anwendung ökonomischer Verfahrensweisen auf die psychosoziale Arbeit dazu führt, dass «die Hilfebedürfnisse psychisch kranker Menschen zunehmend formal, funktional, technokratisch, zu knapp und am Kern vorbei beantwortet werden». (Weigand & Schädle-Deininger 1998: 360)

Dabei geht es auch um die Frage, ob durch systematisierte Assessment-Verfahren und durch zielorientierte Hilfeplanung Autonomie, Empowerment und Selbstbestimmung psychisch kranker Menschen eher gefördert oder behindert werden. Kritiker beziehen sich auf die «neuen» Methoden und das diesen zugrunde liegende Menschenbild:

> *Wenn ich den Bereich des Zwischenmenschlichen wie einen Modulbaukasten behandele, dann kann ich zwar gut messen und kontrollieren, herauskommen wird aber nur ein Zerrbild – wenn auch ein sauber dokumentiertes. Meine Vorstellung von Personen überhaupt und von Menschen, die unter chronischen seelischen Behinderungen leiden insbesondere, lässt es mir wichtig erscheinen, Mitarbeitern vor allem zu vermitteln, dass das, was man über Menschen berichten bzw. aufschreiben kann, eine Erzählstruktur haben sollte, eine Erzählstruktur bei der eins aus dem anderen nachvollziehbar und plausibel hervorgeht. Das bleibt vom Wesen her subjektiv gefärbt. Ich würde mich davor hüten, Mitarbeiter vorrangig dazu zu erziehen, Erzählungen in scheinbar objektivere Kästchenstrukturen gerinnen zu lassen.* (Schernus 2005: 8)

Dem halten Befürworter von systematisiertem Assessment und zielorientierter Hilfeplanung entgegen, dass der Mangel an nachvollziehbaren Verfahren, mit denen das Fachpersonal zu seinen Einschätzungen gelangt, eine Intransparenz von Entscheidungen und zugrunde liegenden Annahmen produziert. Dies führt letztlich zu einer Abhängigkeit des Klienten von nur vermeintlich sicher fundierten fachlichen Einschätzungen und Planungen. Tatsächlich basieren diese jedoch überwiegend auf Alltagstheorien oder auf durch die Praxis gewonnene Etikettierungen, zum Beispiel: «Der Klient ist unmotiviert, uneinsichtig, verweigert die Zusammenarbeit» etc. (vgl. Pantucek 2005). Vor diesem Hintergrund wird für die Einführung und Umsetzung standardisierter Verfahren plädiert, die eine systematische Falleinschätzung unterstützen, und die als Ausgangspunkt für Interpretationen und Planungen herangezogen werden. Die beiden wichtigsten Anforderungen an solche Verfahren sind:

1. Sie müssen «einen Ausschnitt des Verhältnisses Mensch – soziales Umfeld erfassen und abbilden» (Pantucek 2003: 7 f.) und
2. sie müssen den Unterstützungsprozess an sich vorantreiben (vgl. ebd.).

Insofern ist die Qualität solcher Verfahren immer auch daran zu bemessen, welche Wirkungen ihre Anwendung bei den Klienten entfaltet, und wie sie die Kommunikation zwischen Klient und Fachpersonal beeinflussen (vgl. ebd.). Die so erhobenen Situationsbeschreibungen dienen als Momentaufnahmen, die gemeinsam mit dem Klienten überprüft und angepasst werden müssen. Hierbei handelt es sich niemals um Einschätzungen oder Etikettierungen einer *Person*, sondern um die Analyse einer *Situation*. Diese soll den Klienten letztlich auf dem Weg zu einem selbstbestimmten Leben in der Gesellschaft unterstützen und Inklusion fördern.

Hierbei wird Selbstbestimmung und Autonomie in einer zu erfüllenden Norm als Ideal verstanden, dem sich, angelehnt an Kant, der Einzelne nur annähern kann, ohne es je vollends zu erreichen (vgl. Schmidt, 2013: 23–29).

Wir alle streben auch nach Autonomie und Freiheit – jeder auf seine Art und Weise und im Rahmen seiner gegebenen individuellen und gesetzten äußeren Rahmenbedingungen. Als professionelle Helfer ist es unser Anliegen, dieses Streben nach Autonomie und Selbstbestimmung als festen Bestandteil der Lebensbegleitung von Menschen, als festen Bestandteil unserer professionellen Haltung in unserer Arbeit wirken zu lassen. Daraus ergeben sich auch Rahmenbedingungen an eine Förderplanung, die am Gegebenen, am Angestrebten und am (Veränderungs-)Willen des Klienten ansetzt.

Aus unserer Sicht können grundsätzliche Rahmenbedingungen für ein gutes Gelingen in der Begegnung zwischen dem Menschen, der Assistenzdienstleistungen anbietet, und demjenigen, der um Assistenz oder Unterstützung ersucht bzw. diese erhält, beschrieben werden.

«Gutes Gelingen» eines Miteinanders erfordert, dass individuelles Handeln ermöglicht wird und möglich bleibt. Wesentliche Voraussetzungen für das gute Gelingen in der Begegnung sind unter anderem erwartbares moralisches Handeln, Vertrauen auf die gute Absicht in der Begegnung und der zu erwartenden Handlungen und eine offene, auf Kooperation angelegte Haltung.

In Anlehnung an Maio (2012: 394–395) verstehen wir die Betreuung und Unterstützung unserer Klienten als umfassenden Dienst von einem ganzen Menschen als Persönlichkeit für einen ganzen Menschen in all den vielfältigen Facetten seiner einzigartigen Lebensgeschichte. Dieses Grundverständnis kann aus den Prinzipien eines personenzentrierten Ansatzes heraus gebildet werden. Es folgt dem ICF-Verständnis, welches von einer subjektzentrierten therapeutischen Grundhaltung ausgeht, die professionelles Handeln als Dienstleistung im partnerschaftlichen Dialog versteht.

Zusammenfassend heißt dies, dass die ICF-basierte Förderplanung als Verfahren alltäglich stattfindende soziale Interaktionen weder ersetzen noch beschneiden soll.

ICF-basierte Förderplanung begründet im Dialog und in der Begegnung zwischen Menschen

- ein neues Verständnis von partnerschaftlicher Dienstleistungsgestaltung
- ein neues Verständnis von Gesundheit und Behinderung und
- die Kenntnis, dass neben der körperlichen Störung im Besonderen Faktoren der Umwelt und der Person selbst das Maß der Beeinträchtigung der Möglichkeit der Teilhabe am Leben beeinflussen.

Zusammenfassung

Wir verstehen die ICF-basierte Förderplanung als dialogisches Verfahren, das im Betreuungsprozess unterstützend eingesetzt wird. Sie erfolgt auf der Basis einer wertschätzenden, respektvollen und partnerschaftlichen Begegnung. Sie nimmt den Menschen mit seiner jeweils einzigartigen Lebensgeschichte als Ganzes in den Blick und wirkt unterstützend bei der Gestaltung von Lebensperspektiven, -wünschen und -zielen. Sie verfolgt insbesondere das Ziel der Stärkung des Ideals der Autonomie und Selbstbestimmung und soll dabei den Menschen in seiner jeweiligen Einzigartigkeit befähigen, teil zu nehmen an dem, was Da-Sein ausmacht und dieses Da-Sein lebenswert macht.

2 – Grundlagen der Hilfeplanung

Zur Durchführung von einzelnen Maßnahmen für psychisch kranke Erwachsene bedarf es eines Verfahrens der Hilfeplanung und Kostengewährung. Die rechtlichen Vorgaben für ein Hilfeplanverfahren obliegen den jeweiligen Bundesländern und sind dementsprechend unterschiedlich geregelt – von verbindlichen Instrumenten bis zu Leitfäden für die Hilfeplanung. Die ICF ist in recht unterschiedlicher Weise in die Hilfeplanung einbezogen:

- In Hilfeplanungsinstrumenten bzw. Leitfäden zur Hilfeplanung wird die ICF zugrunde gelegt (Niedersachsen, Hannover; im Internet: http://www.soziales.niedersachsen.de/portal/live.php?navigation_id=31091&article_id=367&_psmand=2 Stand 22.07.2014).
- In Hilfeplanungsinstrumenten wird Hilfebedarfsbemessung auf der Grundlage von ICF-Itemlisten gemacht (vgl. z.B. ITP Hessen; im Internet unter: https://dom.lvr.de/lvis/lvr_recherchewww.nsf/3EBCFDB36954EE57C12578B50026E2BE/$file/vorlage13-1359-anlage1.pdf Stand 22.07.2014).
- In Hilfeplanungsinstrumenten gibt es Freitext zur Beschreibung der Situation (vgl. z.B.: IHP Thüringen; im Internet unter: http://www.jena.de/de/stadt_verwaltung/stadtverwaltung/dezernat4/fd_soziales/team_sozialhilfe_in_einrichtungen/antrag_eingliederungshilfe_in_einrichtungen/258647 Stand 22.07.2014).

Die ICF hat mittlerweile bundesweit teilweise Relevanz im Bereich der sozialen Rehabilitation für psychisch kranke Menschen. Die meisten dieser Verfahren sind gleichermaßen als Verwaltungsverfahren und als fachliche Grundlage zur Hilfeplanung zu verstehen.

Bundesweit gibt es in diesen Verfahren definierte Teilhabebereiche – entsprechend den angenommenen zentralen Lebensbereichen von psychisch kranken Menschen. Diese sind beispielsweise:

- Auswirkung der Erkrankung, gesundheitliche Situation
- individuelle Basisversorgung, Selbstsorge, Wohnen, alltägliche Lebensführung, Finanzen
- Gestaltung sozialer Beziehungen, Kommunikation, Teilhabe

- Freizeitgestaltung, Tagesgestaltung, Bildung
- Arbeit, Beschäftigung, Ausbildung.

Zukünftig könnte die Relevanz der ICF im Bereich der Hilfen zur Teilhabe für psychisch kranke Menschen größer werden. Im Rahmen von Entwürfen für ein Bundesleistungsgesetz könnte die ICF bei der Definition des Behinderungsbegriffs, aber auch bei der Feststellung der Teilhabebeeinträchtigungen und Teilhabeplanung in einem zukünftigen Leistungsrecht eine größere Rolle spielen. Ob ein einheitliches ICF-basiertes Verfahren zur Bedarfsfeststellung beschlossen wird und wie genau dies aussehen kann, ist derzeit offen. Auf der Ebene der Wohlfahrtsverbände ist man sich jedoch einig, dass es im Gegensatz zur aktuellen Praxis bundeseinheitliche Zugangsregelungen geben wird (vgl. z. B. Bundesarbeitsgemeinschaft der Freien Wohlfahrtspflege 2013 und Gemeinsame Positionierung des Deutschen Behindertenrates, der Bundesarbeitsgemeinschaft der Freien Wohlfahrtspflege und der Fachverbände für Menschen mit Behinderung 2014).

Exkurs: Bayerisches Gesamtplanverfahren

Exemplarisch für ein Hilfeplaninstrument und -verfahren wird nachfolgend das bayerische Gesamtplanverfahren skizziert, dessen Rechtsgrundlage der § 58 SGB XII ist.

Das Gesamtplanverfahren in Bayern wird gleichermaßen als Verwaltungsverfahren und als fachliche Grundlage zur Hilfeplanung verstanden. «Ziel ist die ‹maßgeschneiderte› Hilfe für Menschen mit Behinderung mit ihren spezifischen Bedarfen» (Bayerische Bezirke 2009: 6). «Durch seine Beteiligung und Mitwirkung wird [der Mensch mit Behinderung] Partner einer gemeinsamen Zielbestimmung, wodurch die eigene Verantwortung und Selbstbestimmung gestärkt wird.» (BAGÜS 2007: 2)

«Der Gesamtplan trifft unter anderem Aussagen

- zu der bisherigen Entwicklung
- zu den bereits durchgeführten Maßnahmen
- zur Beschreibung der Ist-Situation
- zu Leistungen anderer Leistungsträger
- zur Zielvereinbarung mit dem behinderten Menschen
- zum ermittelten Bedarf

- zu den erforderlichen Maßnahmen und Leistungen
- zu den konkreten Zielen, die mit den Leistungen erreicht werden sollen
- zur Überprüfung der Zielerreichung und Wirksamkeit der Leistungen
- zur Fortschreibung der Hilfeplanung (kontinuierlicher Prozess).» (BAGÜS 2007: 7)

Die Planungsinstrumente des Gesamtplans in Bayern

Für einen Neuantrag auf soziale Rehabilitation (Eingliederungshilfe) oder bei wesentlichen Veränderungen der Hilfeform sind der Arzt- und Sozialbericht zu erstellen. Sie ergänzen sich durch die unterschiedlichen Sichtweisen der jeweiligen Ersteller zu einer umfassenden Darstellung der Bedarfssituation. Auf der Grundlage des Arzt- und Sozialberichts prüft der Leistungsträger die Angemessenheit und Geeignetheit der geplanten Hilfen.

In der fortlaufenden Leistungserbringung werden die Hilfeplanungs-, Entwicklungs- und Abschlussberichtsbögen (HEB-Bögen) gemeinsam vom Fachpersonal der Einrichtung mit dem jeweiligen Klienten erstellt. In ihnen werden die Hilfeplanung und die Durchführung der Maßnahmen im zeitlichen Verlauf dokumentiert. Es gibt drei Typen von HEB-Bögen:

1. HEB A wird einmalig zur vorläufigen Hilfeplanung erstellt.
2. HEB B wird fortlaufend (i.d.R. jährlich) als begleitende Entwicklungs- und Hilfeplanung erstellt.
3. HEB C wird am Ende einer Maßnahme bzw. bei Überleitung in eine intensivere Maßnahme als Abschlussbericht erstellt.

Insbesondere der HEB B bildet durch die Rückschau auf die geleistete Hilfe und Perspektiven für zukünftige Hilfen einen kontinuierlichen Verlauf ab (z.B. Veränderung von Zielen, Korrektur von Maßnahmen). Dem Anspruch nach soll dadurch der Klient «selbst erfahren, inwieweit die Zielsetzung mit den notwendigen Maßnahmen übereinstimmt oder abweicht und ob Ziele erreicht wurden». (Bayerische Bezirke 2009: 13)

Teilhabebereiche im bayerischen Gesamtplan

Im Gesamtplanverfahren wird der Fokus auf fünf Teilhabebereiche – entsprechend angenommener zentraler Lebensbereiche psychisch kranker Menschen – gelegt. Die HEB-Bögen lassen viel Raum für Freitext, damit die

Einrichtungen ihre je eigenen Hilfeplanungs- und Dokumentationssysteme beibehalten und in die HEB-Bögen übertragen können. Entlang von fünf Teilhabebereichen werden die individuellen Ressourcen des Klienten, die aktuelle Bedarfs-/Problemlage sowie die im Vordergrund stehenden Ziele und Maßnahmen beschrieben. Teilhabebereiche sind:

- Aufnahme und Gestaltung persönlicher, sozialer Beziehungen
- Selbstversorgung und Wohnen
- Arbeit, arbeitsähnliche Tätigkeiten, Ausbildung
- Tagesgestaltung, Freizeit und Teilhabe am gesellschaftlichen Leben
- Umgang mit den Auswirkungen der Behinderung(en).

Wichtig ist, dass sich die Ziele aus der aktuellen Situation des Klienten inklusive dessen Interessen, Sichtweise, Fähigkeiten und Ressourcen ableiten. Idealerweise beschreiben die verständlich formulierten Ziele – bezogen auf den Planungszeitraum –, was im jeweiligen Teilhabebereich erreicht werden soll (vgl. Bayerische Bezirke 2009: 73 ff.).

Weiterentwicklungsbedarf der Gesamtplaninstrumente in Bayern

Bereits vor einigen Jahren stellte die BAGÜS (2007: 6 f.) fest, dass die Sozialhilfeträger «über die gesetzlichen Verpflichtungen hinaus weitere grundsätzliche Anforderungen an ein Gesamtplanverfahren stellen [sollten], um die Selbstbestimmung behinderter Menschen zu gewährleisten [...].» Unter anderem wird gefordert, die Instrumente so anzupassen, dass «[...] die Analyse der individuellen lebensfeldbezogenen Fähigkeiten als Ausgangspunkt für die Bedarfsermittlung, eine lebensfeldbezogene Darstellung der Bedarfe als Grundlage der Leistungsempfehlung [...] die Vereinbarung und Überprüfung individueller, lebensfeldbezogener Zielsetzungen» (ebd.) unterstützt wird.

Im März 2014 wurde seitens der Fachreferenten der Wohlfahrtspflege ein Vorschlag zur Einbeziehung der ICF in das Gesamtplanverfahren erarbeitet. Eine entsprechende Stellungnahme, den Vorschlag zu prüfen, ging an den Bayerischen Bezirketag (ehemals Verband der bayerischen Bezirke). Damit soll ein erster Schritt unternommen werden, dem Gesamtplanverfahren eine abgestimmte fachliche Grundlage für die Einschätzung der aktuellen individuellen Situation des psychisch kranken Menschen zugrunde zu legen und gleichzeitig die Offenheit des Instruments zu bewahren.

3 – Grundlagen der Förderplanung in der Arbeit mit psychisch kranken Menschen

Wie oben skizziert, gibt es in den deutschsprachigen Ländern unterschiedliche Verfahren zur Kostengewährung und entsprechend unterschiedliche dafür notwendige Hilfeplaninstrumente. Gemeinsam ist diesen Verfahren, dass sie sich insbesondere durch ihre zeitliche Koppelung an die turnusmäßige (meist im Abstand von ein oder zwei Jahren erfolgende) Beantragung der weiteren Kostenübernahme kaum für die Vereinbarung und Beschreibung kurzfristig erreichbarer sowie handhabbarer Ziele und Maßnahmen eignen.

Ziele und Maßnahmen, die auf einen verhältnismäßig langen Zeitraum von mehr als einem Jahr angelegt sind, bleiben im alltäglichen Geschehen meist eher abstrakt und sind eher als Rahmenziele zu verstehen.

Zur Planung und Umsetzung kleinschrittigerer Ziele und daraus abgeleiteter Maßnahmen bedarf es einer Förderplanung[6].

Die **Abbildung 3-1** veranschaulicht exemplarisch das Zusammenspiel von Hilfeplaninstrumenten, die auch zur Kostenübernahme dienen (hier als Beispiel das bayerische Gesamtplanverfahren) und der einrichtungsinternen Förderplanung. Als Turnus für die Förderplanung empfiehlt sich ein Zeitraum von drei bis vier Monaten.

Anforderungen an die Förderplanung

Als dialogisches, den Betreuungsprozess unterstützendes Verfahren folgt die Förderplanung den Prinzipien der Ressourcenorientierung und der Personenzentrierung, die auch für die Hilfeplanung maßgeblich sind.

Die Förderplanung zeichnet sich aus

- durch ihren hohen Grad an Standardisierung, der die Nachvollziehbarkeit von Einschätzungen und Planungen ermöglicht

---

6 Um sprachliche Eindeutigkeit zu schaffen, bezeichnen wir die einrichtungsinterne Hilfeplanung fortan als Förderplanung. Der Begriff Hilfeplan bezeichnet im Kontext dieses Handbuches alle seitens der Leistungsträger verbindlich eingeführte Verfahren, die auch zur Kostenbeantragung verbindlich sind.

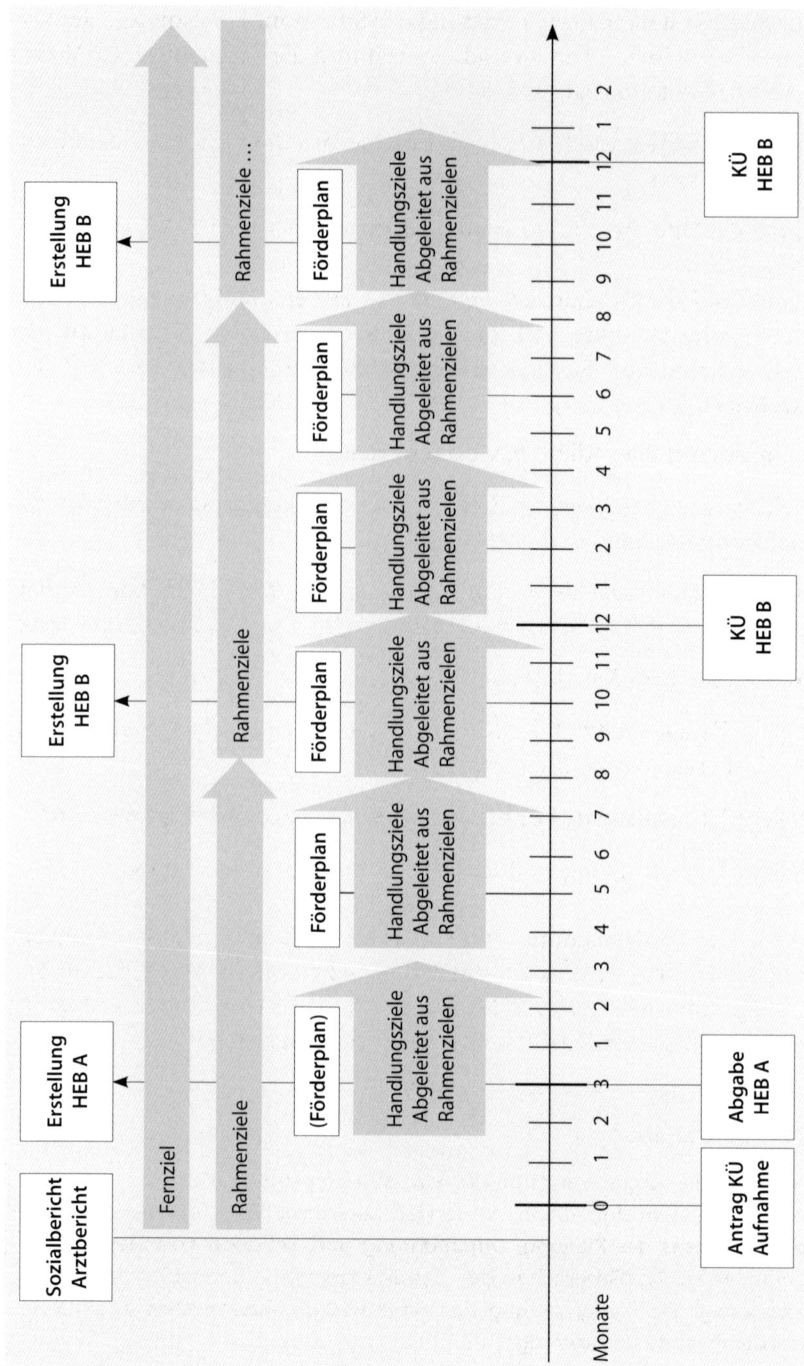

Abbildung 3-1: Zusammenspiel von Hilfeplaninstrumenten und Instrumenten der Förderplanung (eigene Grafik; KÜ = Kostenübernahme)

- durch die systematisierte Erfassung der Situation, insbesondere des Verhältnisses zwischen Person und Umwelt und die damit angelegte Veränderbarkeit einer Situation
- durch die systematisch angelegte Erfordernis, die Sichtweise des Klienten zu erfassen
- durch die Offenheit, Einschätzungen zu ergänzen und zu revidieren.

Entsprechend ihrer Scharnierfunktion zur Hilfeplanung werden die dort gesetzten Schwerpunkte und Rahmenziele in der Förderplanung auf der Basis einer aktuellen Situationsbeschreibung (IST-Zustand) vertieft und konkretisiert.

Gemeinsam mit dem Klienten wird festgelegt:

- Welches Ziel bzw. welche Ziele aus der Hilfeplanung werden in den nächsten Monaten bearbeitet?
- Welche Hindernisse liegen auf dem Weg zum Ziel? Diese können vorrangig in der Person selbst oder auch in der Umwelt/Umgebung liegen.
- Welche Bereiche der Aktivität/Teilhabe sind wie stark eingeschränkt?
- Welche Fähigkeiten hat der Klient aktuell, um das Ziel zu erreichen, was er selbst erledigen könnte?
- Welche Unterstützung könnte aus der Umwelt/Umgebung kommen?
- Welche Unterstützung ist durch das Fachpersonal notwendig?

Am Ende der Förderplanung werden konkrete Maßnahmen und Aufgaben vereinbart. Hierbei wird unterschieden zwischen Maßnahmen, die die Klienten selbst übernehmen, und Maßnahmen, die als Unterstützungsleistung durch das Fachpersonal erbracht werden (siehe **Abb. 3-2**).

Zusammenfassung

Die Förderplanung soll als Grundlage für die Hilfeplanung dienen.
Sie ist keine einmalige Aktion und verläuft auch nicht linear. Sie ist ein fortlaufender Prozess der Planung, Durchführung und Reflexion von Zielen und Maßnahmen. Als dialogisches, den Betreuungsprozess unterstützendes Verfahren folgt die Förderplanung den Prinzipien der Ressourcenorientierung und der Personenzentrierung.

Förderbereich
Fernziel
Rahmenziel
Beschreibung der Ist-Situation im Förderbereich

Handlungsziele (in 4 Monaten …)	Maßnahmen (wer macht was bis wann)	Reflexion (nach 4 Monaten)

Abbildung 3-2: Übersicht Förderplanung (eigene Grafik)

4 – Grundlagen der ICF in der sozialen Rehabilitation für psychisch kranke Menschen

Wie eingangs erwähnt, findet die ICF im Bereich der sozialen Rehabilitation für psychisch kranke Menschen erst allmählich Beachtung.

In Deutschland hängt dies mit der ebenfalls zögerlichen «Anerkennung» des SGB IX (Rehabilitation und Teilhabe behinderter Menschen) als Grundlage aller Reha-Leistungen – auch der Leistungen nach SGB XII – zusammen. Das SGB IX, welches erst im Jahr 2001 in Kraft getreten ist, hat den Zweck, die Selbstbestimmung und gleichberechtigte Teilhabe am Leben in der Gesellschaft für behinderte und von Behinderung bedrohte Menschen zu fördern und Benachteiligungen zu vermeiden bzw. entgegenzuwirken.

Gemäß dem SGB IX (Rehabilitation und Teilhabe behinderter Menschen) werden Leistungen zur Teilhabe für psychisch kranke Menschen nicht allein aufgrund ihrer Erkrankung, sondern nur dann erbracht, wenn deren Teilhabe an Lebensbereichen (z.B. Erwerbsleben, Selbstversorgung) erheblich gefährdet oder bereits gemindert ist. Dem liegt ein relationaler Behinderungsbegriff zugrunde: Behindert ist bzw. wird eine Person mit Beeinträchtigungen in einer *bestimmten Situation* unter *bestimmten Bedingungen* in Verbindung mit *bestimmten Erwartungen.*

Dieser relationale Behinderungsbegriff ebenso wie das Teilhabekonzept (Inklusion) ist auch in der UN-BRK (UN-Konvention über die Rechte von Menschen mit Behinderungen) verankert.

Diese Grundgedanken sind eng mit dem Teilhabekonzept der ICF (vgl. DIMDI 2006; im Internet https://www.dimdi.de/static/de/klassi/icf/index.htm, Stand 22.07.2014) verbunden, wonach die konkreten Auswirkungen der Erkrankung/Behinderung vor dem Hintergrund der persönlichen Situation und der Lebenswelt eines Menschen mit Behinderung im Fokus stehen.

Folgerichtig empfahl der Deutsche Verein für öffentliche und private Fürsorge e.V vor einigen Jahren, «die Konzeption bzw. Weiterentwicklung, Auswahl, Anwendung und Evaluation von Instrumenten und Verfahren der Bedarfsermittlung und Hilfeplanung in der Eingliederungshilfe» (2009: 10) an der ICF und insbesondere an den dort beschriebenen Kontextfaktoren zu orientieren[7]. Auch die BAGÜS (Bundesarbeitsgemeinschaft der überörtlichen Träger der Sozialhilfe) empfahl bereits im Jahr 2009 «zur näheren Bestimmung des Rehabilitationsbedarfs» (ebd.: 7), die ICF anzuwenden.

Entsprechend dem Teilhabekonzept der ICF ist Behinderung immer als gesundheitlich bedingte Aus- und Wechselwirkung mit der Umwelt zu verstehen. Die Beschreibung von Einschränkungen der Teilhabe erfordert demnach die Berücksichtigung der bio-psycho-sozialen Beeinträchtigungen. Die ICF stellt hierfür eine von der WHO vereinbarte Grundlage dar und ermöglicht die systematische Beschreibung der gesundheitlich bedingten Aus- und Wechselwirkungen auf den Ebenen der Funktionen, der Aktivitäten und der Teilhabe an Lebensbereichen (z. B. Erwerbsleben, Erziehung/Bildung, Selbstversorgung) einer Person vor dem Hintergrund ihrer Lebenswelt.

An dieser Stelle kann die ICF lediglich in ihren Grundzügen skizziert werden. Für eine ausführliche Einführung empfiehlt sich beispielsweise die Lektüre der von der Bundesarbeitsgemeinschaft für Rehabilitation (BAR) herausgegebenen ICF-Praxisleitfäden sowie die Komplettausgabe der ICF (vgl. Literaturverzeichnis; siehe **Abb. 4-1**).

Komponenten der ICF (vgl. DIMDI 2006)

Die einzelnen Komponenten – Körperfunktionen und -strukturen, Aktivitäten, Teilhabe, Umweltfaktoren und personenbezogene Faktoren – der ICF sind Konzepte zur Beschreibung bestimmter Phänomene. Sie bilden nicht vollständig die Realität ab. Obwohl explizit auf die Wechselwirkungen der Komponenten hingewiesen wird, sollen diese immer getrennt voneinander erhoben werden. Jede der Komponenten kann in positiven oder negativen Begriffen ausgedrückt werden.

Körperfunktionen und -strukturen

Unter die Komponente Körperfunktionen fallen physiologische Funktionen von Körpersystemen einschließlich geistiger und seelischer Funktionen. Eine in diesem Sinne für den Bereich der psychiatrischen Hilfen relevante Schädigung ist zum Beispiel die Beeinträchtigung der Konzentration über eine bestimmte Zeitspanne.

---

7 Auch in den 2011 veröffentlichten Ergebnissen zur Evaluation des Gesamtplanverfahrens in Bayern wird die Integration der ICF in den Gesamtplan empfohlen (vgl. Schmitt-Schäfer 2011: 11).

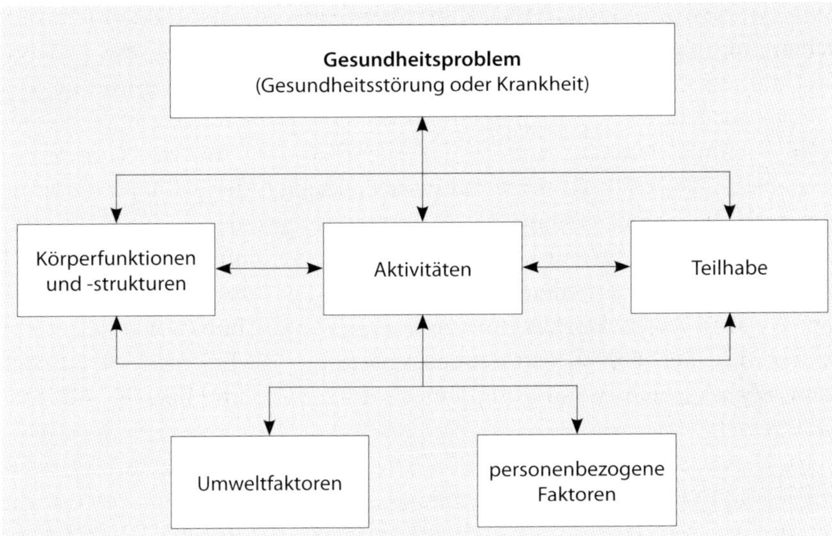

Abbildung 4-1: Das bio-psycho-soziale Modell der Komponenten der Gesundheit (BAR 2006: 5)

Die Beschreibung von Körperstrukturen spielt vermutlich im Kontext psychiatrischer Hilfen eine weniger herausragende Rolle – ausgenommen der Struktur des Nervensystems (Gehirn, Rückenmark, Hirnhaut, sympathisches/parasympathisches Nervensystem).

Aktivität

Die Komponente Aktivität beschreibt die Fähigkeit bzw. Schwierigkeiten bei der Durchführung einer Aufgabe oder Handlung durch eine Person sowohl in quantitativer als auch qualitativer Hinsicht. Hierbei ist zu unterscheiden, was eine Person (unter bestimmten Umfeldbedingungen) *tun könnte* und was sie *tatsächlich tut* (capacity bzw. performance). Diese Unterscheidung ist bei psychischen Erkrankungen häufig relevant, da es bei entsprechenden Hilfen meist um die Förderung von Leistung und Leistungsfähigkeit geht.

Partizipation (Teilhabe)

Partizipation umfasst das Einbezogen-Sein in eine Lebenssituation unter Berücksichtigung der Wechselwirkung zwischen dem gesundheitlichen

Problem einer Person und den Umweltfaktoren. Somit repräsentiert Partizipation die gesellschaftliche Perspektive der Funktionsfähigkeit.

Kontextfaktoren: Umweltfaktoren und personenbezogene Faktoren

Umweltfaktoren und personenbezogene Faktoren bilden in ihrer Gesamtheit den Lebenshintergrund einer Person ab.

Unter Umweltfaktoren wird die materielle, soziale und einstellungsbezogene Umwelt, in der Menschen leben und ihr Dasein entfalten, gefasst. Auf der Ebene des Individuums ist dies die unmittelbare Umwelt, zum Beispiel häuslicher Bereich, Arbeitsplatz, Schule, Familie, Freunde etc. Auf gesellschaftlicher Ebene betrifft dies Organisationen und Dienste in Bezug zur Arbeit, Kommune, Behörden etc., Gesetze, Vorschriften, Regeln, Einstellungen, Weltanschauungen.

Personenbezogene Faktoren umfassen den speziellen Hintergrund des Lebens und der Lebensführung eines Menschen, die *nicht Teil des Gesundheitsproblems* sind, zum Beispiel Alter, Geschlecht, ethnische Zugehörigkeit, Lebensstil, Bewältigungsstile, Bildung, Ausbildung, Beruf, Verhaltensmuster, Charakter etc. Personenbezogene Faktoren sind in der ICF nicht klassifiziert, können jedoch aufgeführt werden.

Was kann die ICF in der Hilfe- und Förderplanung (soziale Rehabilitation) leisten?

Von der Nutzung der ICF für Hilfe- und Förderplanung verspricht man sich vor allem eine *deutlichere Berücksichtigung der individuellen Situation und des Lebenshintergrundes* eines Menschen mit Behinderung. Hier werden insbesondere die Kontextfaktoren (personenbezogene Faktoren und Umweltfaktoren) hervorgehoben. Konsequent in den Blick genommen, können diese

> *den individuellen Bedarf positiv (z. B. Reduzierung des Bedarfs durch Unterstützung aus dem sozialen Umfeld) oder negativ (z. B. Erhöhung des individuellen Bedarfs durch fehlende Barrierefreiheit) beeinflussen.* (Deutscher Verein für öffentliche und private Fürsorge e. V. 2009: 12 f.)

Damit trägt die ICF dazu bei, den Rehabilitationsprozess in der Zielsetzung auf die Teilhabe zu fokussieren (vgl. BAR 2008: 12f).

Zentrale Bedeutung insbesondere bei der Erfassung der Kontextfaktoren haben das Selbstbild, die Biografie und die sozialen Bezüge des Klienten sowie die Erwartungen und Anforderungen ihrer Bezugspersonen im privaten und beruflichen Lebensbereich. Durch ihren Fokus auf die personale Ebene bezieht die ICF also die subjektive Sicht des betroffenen Menschen mit ein. Dies ist deshalb wichtig, weil bei psychisch kranken Menschen (ebenso wie bei anderen Behinderten oder von Behinderung bedrohten Menschen) nicht die Krankheitsdiagnose selbst, sondern vor allem die individuell erlebte gesundheitlich bedingte Beeinträchtigung der Alltags- oder beruflichen Aktivitäten im Vordergrund steht. Im Sinne einer verbesserten Kommunikation und Transparenz können von diesem Ausgangspunkt gemeinsam mit dem Klienten Ziele und Maßnahmen der Betreuungsarbeit ausgehandelt sowie seine Eigenverantwortung und Mitarbeit aktiviert werden. Somit trägt die Anwendung der ICF neben der Weiterentwicklung der Effektivität der Maßnahmen und der Evaluation der Ergebnisqualität insbesondere auch zur Selbstbestimmung und dem Erleben von Selbstwirksamkeit psychisch kranker Menschen bei.

Zitat aus der Evaluation:
«Ich glaube nicht, dass ich es bei jedem Klienten hinbekomme, dass wir uns über die gleichen Ziele einig sind. Aber es ist vielleicht dann klarer, warum wir uns nicht einig sind.»
«Ich glaube, dass es den Selbstwert des einzelnen Menschen stärken kann. Ich habe das selbst schon erlebt, wenn ich jemanden frage, wie problematisch er selbst etwas einschätzt, ist das was ganz was Schönes. Für mich ist das ein Ausdruck der Selbstbestimmung, wenn er sagen kann, wo er sich selbst sieht und auch sieht, dass ich das aufschreibe.»

Eines der wichtigsten Ziele der ICF ist die Förderung eines «gemeinsamen Rehabilitationsverständnisses» und einer «gemeinsamen Sprache» zwischen allen am Rehabilitations- und Unterstützungsprozess beteiligten Akteuren. Dies betrifft sowohl die unterschiedlichen Fachprofessionen als auch Leistungsträger und natürlich die Klienten und deren Bezugspersonen.

Auf der Basis gemeinsamer Begrifflichkeiten liefert die ICF den Strukturrahmen für die Dokumentation des Rehabilitationsprozesses. Das systematische Verschlüsselungssystem eignet sich darüber hinaus für wissenschaftliche Fragestellungen sowie Datenvergleiche interdisziplinär und über den Zeitverlauf hinweg (vgl. BAR 2008: 12f).

Auf der Ebene der Kommunikation zwischen Klient und Fachperson kann die gemeinsame Sprache zu einer verbesserten Selbstbestimmung des Klienten beitragen. Auf der Ebene der direkt am aktuellen Hilfe- und Rehabilitationsprozess beteiligten Akteure kann durch die gemeinsame Sprache die Abstimmung des professionellen Handelns verbessert werden. Langfristig sollen das gemeinsame Verständnis von Behinderung und Rehabilitation sowie die einheitlichen Begriffe dafür auch die Abstimmung der Leistungsträger untereinander sowie zwischen den Leistungserbringern und Leistungsträgern verbessert werden.

Zitat aus der Evaluation:
«Es ist schon ein Unterschied, ob ich in einem Gespräch allgemein frage: ‹Wie läuft es in der Arbeit?›, und jeder hat im Hinterkopf seine eigenen Kriterien für ‹läuft gut› und ‹läuft schlecht›. Man läuft Gefahr, aneinander vorbeizureden. Wenn man die Items und die Kriterien [der Förderplanung] im Hinterkopf hat, ist es eine gute Möglichkeit nachzufragen: ‹Was denken sie denn, was gut läuft und warum?› Das Fachpersonal hat dann auch die Möglichkeit zu sagen: ‹Ich sehe es nicht so, weil ... hier sind die Kriterien und das ist meine Einschätzung. Wie sehen Sie sich denn hier?› Und der Klient hat dann eine ganz andere Möglichkeit, sich zu erklären.»
«Außerdem gebe ich ihm [dem Klienten] die Möglichkeit, es messbar zu machen; er kann z. B. sagen, er sieht sich bei 0, ich kann sagen, ich sehe ihn bei 4. Dadurch entsteht eine Messbarkeit für ihn, aber auch für mich».

Aus der Perspektive einer übergreifenden Hilfeplanung kann durch die Nutzung der ICF die Anschlussfähigkeit zu unterschiedlichen Leistungen und Kostengewährungsverfahren hergestellt werden. Beispiele sind die Anschlussfähigkeit der sozialen Rehabilitation zur medizinischen und beruflichen Rehabilitation (aus dem SGB V und dem SGB VI).

Zusammenfassung

Die ICF systematisiert und erweitert gesundheitsbezogenes Denken und Handeln und verspricht eine deutlichere Berücksichtigung der individuellen Situation und des Lebenshintergrundes eines Menschen mit psychischer Erkrankung. Die ICF bietet eine einheitliche länder- und fachübergreifende Sprache zwischen den Akteuren – auch zwischen den Leistungsträgern – und kann durch die Beschreibung der funktionalen Gesundheit Anschlussfähigkeiten herstellen.

Teil II – Praxisbeispiel mit Modulen und Tools zur Entwicklung, Implementierung und Umsetzung einer ICF-basierten Förderplanung

In diesem Teil des Handbuchs wird entlang des Praxisbeispiels «ICF-basierte Förderplanung» die Durchführung anschaulich beschrieben.

In jedem Kapitel werden zunächst relevante Grundlagen aus dem Projektmanagement dargestellt und anschließend die Durchführung skizziert. Unsere Erfahrungen werden als Empfehlungen, Module und Tools aufbereitet.

Module sind einzelne Bestandteile des Instruments «ICF-basierte Förderplanung» (Itemlisten, Übersicht Förderplan etc.).

Tools sind Arbeitsgrundlagen, die zur Entwicklung, Implementierung und Umsetzung eines Projekts zur ICF-basierten Förderplanung genutzt werden können (Projektplan, Schulungsunterlagen etc.).

Die Module und Tools sind so gestaltet, dass sie von verschiedenen Unternehmen/Einrichtungen mit ihren je spezifischen Rahmenbedingungen – einzeln oder kombiniert – adaptiert und zur Entwicklung und Einführung einer ICF-basierten Förderplanung genutzt werden können.

Das Praxisfeld – kbo-SPZ, Träger und Leistungen

Die Entwicklung, Implementierung und Umsetzung einer ICF-basierten Förderplanung erfolgte im kbo-SPZ im Rahmen eines zweijährigen Projekts.

Zum besseren Verständnis des Projektablaufs wird zunächst kurz der Träger vorgestellt.

Das kbo-Sozialpsychiatrische Zentrum in der Form einer gemeinnützigen GmbH (kbo-SPZ) bietet ein differenziertes Spektrum ambulanter Betreuungsleistungen für erwachsene Menschen mit einer psychischen Erkrankung in Oberbayern an. Unsere Klienten haben unterschiedlichste Lebenshintergründe und -geschichten sowie verschiedene psychiatrische Diagnosen, wobei Diagnosen aus dem schizophrenen Formenkreis überwiegen. Wir betreuen sowohl ältere Menschen mit einer «chronifizierten» psychischen Erkrankung (ehemalige Langzeitpatienten aus psychiatrischen Kliniken) als auch jüngere Menschen, bei denen die Klärung der Lebensperspektive im Vordergrund steht.

Das Gesamtkonzept hat sich seit der Gründung 1972 stetig weiterentwickelt. Es garantiert eine individuelle, verantwortungsbewusste und unbürokratische Unterstützung nach aktuellen fachlichen Qualitätsstandards und Prinzipien der modernen Sozialpsychiatrie innerhalb eines integrierten Versorgungssystems.

Das kbo-SPZ ist zertifiziert nach DIN EN ISO 9001:2008.

Alle Unterstützungsleistungen erfolgen durch Fachpersonal (überwiegend Sozialpädagogen und Fachkrankenpflege) und orientieren sich am

Ziel größtmöglicher gesellschaftlicher Teilhabe psychisch kranker Menschen und der Stärkung ihrer Selbstbestimmung.

Es werden – je nach individuellem Bedarf – folgende kombinierbare Leistungsbausteine angeboten:

- Leistungen aus dem Bereich Wohnen zielen schwerpunktmäßig darauf ab, psychisch kranke Menschen in ihrer Alltagsbewältigung und Gesundheitsfürsorge zu unterstützen. Über 200 Klienten werden im Rahmen ambulant betreuter Wohngemeinschaften oder betreuten Einzelwohnens unterstützt.
- Mit Leistungen aus dem Bereich Arbeit und Beschäftigung wird der Erhalt bzw. der Aufbau einer sinnvollen Tätigkeit und Tagesstruktur gefördert und damit ein wesentlicher Beitrag zur psychischen Stabilisierung geleistet. Im Rahmen von tagesstrukturierenden Maßnahmen, Zuverdienstarbeitsplätzen und einer Tagesstätte mit Kunstwerkstatt werden über 100 Klienten betreut.
- Leistungen aus dem Bereich Kunst, Kultur (SeelenART) und Freizeit sind besonders niederschwellig und dienen der Förderung von Teilhabe am gesellschaftlichen und kulturellen Leben sowie der Entstigmatisierung psychisch kranker Menschen. Zu den offenen Angeboten zählen kooperativ und inklusiv angelegte Kunst- und Kulturprojekte für und mit psychisch kranken Menschen.

Für die Aufnahme und Vermittlung in die Angebote des ambulant betreuten Wohnens des kbo-SPZ wurde vor zweieinhalb Jahren die Lotsenstelle als zentrale «Eingangstüre» etabliert. Sie bietet Interessenten, die sich an uns wenden, eine passgenaue Vermittlung innerhalb des differenzierten Leistungsspektrums.

Die Entwicklung und Implementierung der ICF-basierten Förderplanung erfolgte für die Lotsenstelle sowie für diejenigen Bereiche, für die das bayerische Gesamtplanverfahren verpflichtend ist. Dies sind Wohngemeinschaften und betreutes Einzelwohnen sowie die tagesstrukturierenden Maßnahmen.

5 – Projektphasen im Überblick

Allgemein gesprochen ist ein Projekt ein Vorhaben, das im Wesentlichen durch die Einmaligkeit seiner Bedingungen in ihrer Gesamtheit gekennzeichnet ist (vgl. DIN 69901-1:2009-01, 2009).

Das Projekt «Implementierung einer ICF-basierten Förderplanung» kann schematisch in mehrere Phasen gegliedert werden. Diese sind in der **Abbildung 5-1** im Überblick dargestellt. Die einzelnen Phasen werden in den nachfolgenden Kapiteln detailliert beschrieben.

Je nach Größe des Unternehmens und Reichweite des Projekts fallen die einzelnen Phasen des Projekts «ICF-basierte Förderplanung» unterschiedlich umfangreich bzw. detailliert aus und bedürfen eines unterschiedlichen

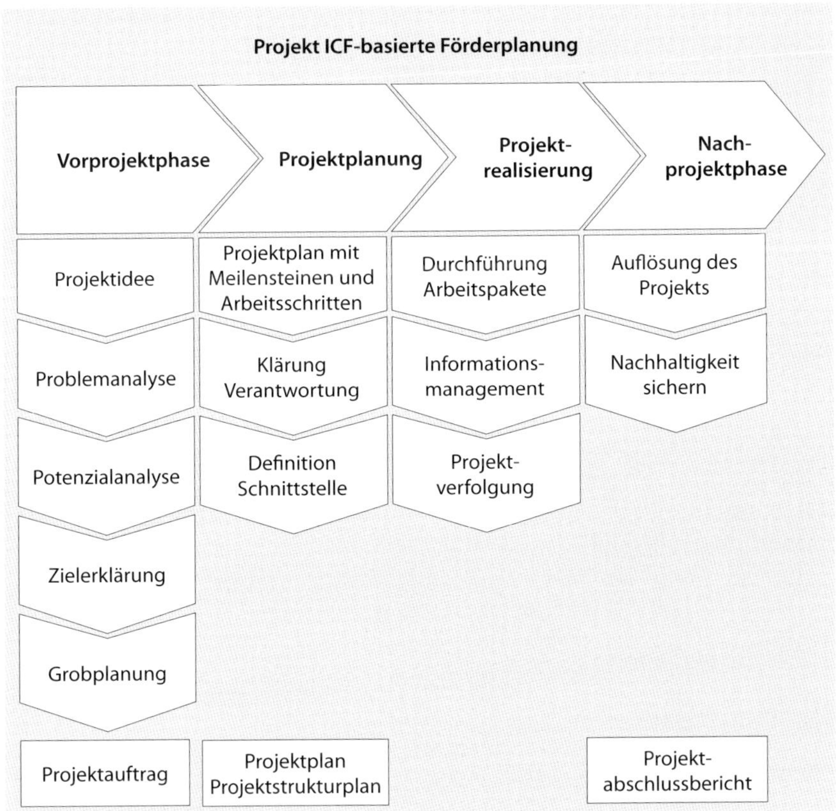

Abbildung 5-1: Übersicht der Projektphasen (eigene Grafik in Anlehnung an Meier 2009: 31)

Zeitaufwandes. Auch die Frage, wer in welcher Projektphase entscheidend mitwirkt bzw. die Verantwortung trägt, hängt von der Struktur des Unternehmens ab.

Unabhängig davon, wie intensiv die einzelnen Projektphasen bearbeitet werden, sollte jeder der oben aufgeführten Punkte berücksichtigt werden.

Im **kbo-SPZ** erfolgte beispielsweise die Problem- und Potenzialanalyse im Wesentlichen durch den Geschäftsführer gemeinsam mit den Führungskräften in verschiedenen Gesprächen. Die Zielklärung, eine erste (sehr rudimentäre) Grobplanung sowie der formale Projektauftrag, fand im Rahmen eines Strategietages statt. Eine Mitarbeiterin wurde mit der Planung und Durchführung des Projekts betraut und übernahm im Folgenden – unterstützt durch die fachliche Referentin – die Planung aller weiteren Planungsschritte.

Das Projekt wurde in zwei Phasen durchgeführt, wobei dies zu Beginn noch nicht feststand:

1. **Projekt «ICF I» (2012):** Hierbei lag der Fokus darauf, Möglichkeiten zu überprüfen, die ICF in eine interne – noch zu erstellende – Förderplanung zu integrieren. Da kaum nutzbare Instrumente zur Verfügung standen, fiel im Laufe des Projekts die Entscheidung, eigene Itemlistens zu entwickeln und diese in eine Förderplanung zu integrieren.
2. **Folgeprojekt «ICF II» (Fortführung des Projekts im Jahr 2013):** Im darauffolgenden Strategietag des kbo-SPZ wurden die Ergebnisse und Empfehlungen aus dem Projekt «ICF I» vorgestellt und diskutiert. Darauf basierend erfolgte der Auftrag zur «Implementierung der ICF-basierten Förderplanung» im Unternehmen.

Die im Jahr 2012 erarbeiteten Grundlagen wurden 2013 im Unternehmen eingeführt und umgesetzt. Parallel zur Implementierung wurde das Projekt durch eine Projektbegleitungsgruppe evaluiert und eine Projektsteuerungsgruppe eingerichtet.

Tool Projektphasen

Es empfiehlt sich bereits in der Planung des Projekts «ICF-basierte Förderplanung» Überlegungen zu den einzelnen relevanten Projektphasen und -schritten anzustellen und diese grob zu skizzieren. Selbstverständlich können im Projektverlauf Änderungen erforderlich werden und sollten dann auch entsprechend Eingang in die Planung finden. Gleichwohl sollte bereits zu Beginn eine – mit den wesentlichen Stakeholdern abgestimmte – Vorstellung vom Projektablauf existieren, nicht zuletzt, um die dafür erforderlichen Ressourcen und Abstimmungsprozesse einschätzen zu können.

Die **Tabelle 5-1** gibt – im Sinne einer Checkliste – einen Überblick über relevante Punkte, die in den einzelnen Projektphasen zu berücksichtigen sind. Die Checkliste zur Beschreibung der einzelnen Projektphasen steht zum Download auf unserer Homepage für Sie bereit (Informationen finden Sie auf der letzten Seite in diesem Buch).

Eine ausführliche Beschreibung der einzelnen Projektphasen findet sich in den nachfolgenden Kapiteln.

Tabelle 5-1: Beschreibung der Projektphasen *(Fortsetzung n. Seite)*

Vorprojektphase
Projektidee: Wer bringt die Idee zur ICF-basierten Förderplanung ein? Mit welcher Intention? Wie konkret ist die Idee? **Beispiel:** • Veränderung der bestehenden Förderplanung • Sondierung von Möglichkeiten, die ICF als Grundlage für die Förderplanung zu verwenden
Problemanalyse: Wer führt diese auf welchen Grundlagen durch? Wie umfangreich soll die Analyse sein? **Beispiele:** • Welche Probleme bestehen mit der aktuellen Förderplanung? • Ergebnisse aus dem Audit oder Kundenbefragungen
Potenzialanalyse: Wer führt diese auf welchen Grundlagen durch? Wie umfangreich soll die Analyse sein? **Beispiel:** Welche Möglichkeiten bestehen durch eine ICF-basierte Förderplanung?
Zielklärung: Wer ist an der Zielklärung beteiligt? Das Ziel sollte möglichst konkret benannt werden. Bei größeren Zielen empfiehlt sich die Benennung von Teilzielen. **Beispiel:** Möglichkeiten, die ICF in die bestehende Förderplanung zu integrieren, sind benannt und hinsichtlich Aufwand, Vor- und Nachteilen bewertet.

Tabelle 5-1: Beschreibung der Projektphasen *(Fortsetzung)*

Grobplanung:
Welche Projektschritte und Teilziele können bereits benannt werden (möglichst konkret)? Welcher Zeitplan ist realistisch? Welche Ressourcen sind voraussichtlich erforderlich?

Beispiel:
Zunächst werden Möglichkeiten zur internen Förderplanung auf Grundlage der ICF recherchiert. Auf dieser Basis wird entschieden, ob eine ICF-basierte Förderplanung für das Unternehmen entwickelt werden soll.

Projektauftrag:
Wer erteilt den Projektauftrag? Ist dieser hinreichend konkretisiert? Stehen die wesentlichen Stakeholder (z. B. betroffene Führungskräfte) hinter dem Projekt?

Beispiel:
Der Projektauftrag enthält idealerweise die Problem- und Potenzialanalyse, die Ziele, die mit dem Projekt erreicht werden sollen sowie eine Grobplanung. Es ist benannt, wer federführend für das Projekt verantwortlich ist.

Projektplanung

Planung der Arbeitsschritte:
Welche Schritte sind notwendig, um das Projektziel zu erreichen? (Meilensteinplanung)

Beispiele:
- Recherche und Information
- Itemlistenentwicklung
- Einrichtung einer Testgruppe
- Entwicklung von Grundlagen/Arbeitsmitteln
- Implementierung von Mitarbeiter-Schulungen
- Durchführung einer Evaluation

Definition von Teilprojekten:
Gibt es Aufgaben, die aufgrund der Größe und Komplexität als Teilprojekte zusammengefasst werden?

Beispiele:
– Testgruppe
– Projektbegleitung/Evaluation

Klärung von Verantwortlichkeiten:
Wer ist wofür zuständig? Weisungsbefugnisse? Wer ist für die Projektlenkung zuständig? Wer gibt auf welcher Grundlage finanzielle Mittel frei? Wie verläuft die Kommunikation?

Beispiele:
– Benennung einer Projektleitung
– Einrichten einer Projektlenkungsgruppe
– Rücksprache mit Geschäftsführung bei entstehenden Kosten (Schulung)

Definition von Schnittstellen/Klärung interner Beteiligungen:
Welche Bereiche sind im Unternehmen beteiligt? Wie verläuft die Beteiligung? Gibt es externe Schnittstellen, die Interesse an dem Projekt haben könnten? Was muss im Umgang mit diesen beachtet werden?

Beispiele:
- Förderplanung soll anschlussfähig an das Gesamtplanverfahren sein.
- In allen beteiligten Bereichen sollen Ansprechpartner zur Verfügung stehen.

Tabelle 5-1: Beschreibung der Projektphasen *(Fortsetzung)*

Definition von Arbeitspaketen:
Welche «in sich geschlossenen» Aufgaben innerhalb des Projekts müssen zur Erreichung der Ziele durchgeführt werden? Wann werden diese durchgeführt?

Beispiele:
- Recherche zur ICF und zur Förderplanung
- Entwicklung von Arbeitsmaterial
- Mitarbeiter-Schulungen

Projektrealisierung

Durchführung der Arbeitspakete:
Abarbeiten der Arbeitspakete entsprechend der fest gelegten Zuständigkeiten.

Beispiele:
- Recherche und Information
- Itemlistenentwicklung
- Einrichten einer Testgruppe
- Entwicklung von Grundlagen/Arbeitsmitteln
- Implementierung (Mitarbeiter-Schulungen)
- Evaluation

Informationsmanagement:
Wie und durch wen werden die Beteiligten über die Ergebnisse informiert? In welchen Abständen wird informiert?

Beispiele:
- Information an die Mitarbeiter in den Teams und an Klausurtagen
- Informationen über Meilensteine an die Führungskräfte
- Information an die Projektlenkungsgruppe

Projektverfolgung:
Werden die Ziele wie geplant erreicht? Gibt es Abweichungen? Müssen Anpassungen erfolgen? Fallen ungeplante Kosten an?

Beispiele:
- Projektverlauf wird anhand eines Protokolls festgehalten und den beteiligten Führungskräften vorgelegt.
- regelmäßige Abstimmung mit der Projektlenkungsgruppe

Nachprojektphase

Projektabschlussbericht:
Erstellen eines Abschlussberichts mit den wesentlichen Informationen und ggf. Empfehlungen durch die Projektleitung.

Beispiele:
- Eine ICF-basierte Förderplanung wurde entwickelt.
- Nach Rückmeldung durch die Testgruppe wurde diese modifiziert.
- Die Implementierung dauerte länger als geplant und ist noch nicht abgeschlossen.
- Es sind weitere Mitarbeiter-Schulungen erforderlich.

Tabelle 5-1: Beschreibung der Projektphasen *(Fortsetzung)*

Auflösung des Projekts:
Wer beendet das Projekt und wie wird das Ende gestaltet? Gibt es eine Abschlussveranstaltung mit Ergebnispräsentation oder lediglich einen klar formulierten Stichtag?

Beispiele:
- Schrittweise Auflösung des Projekts «ICF-basierte Förderplanung». Nach erfolgter Schulung der Mitarbeiter wird die Implementierung weiter von der Projektbegleitungsgruppe betreut und unterstützt. Weitere notwendige Maßnahmen werden kurzfristig nachgesteuert.
- Projektbegleitungsgruppe besteht als Arbeitskreis weiter.

Nutzen der Ergebnisse sichern:
Wie wird sichergestellt, dass die Ergebnisse positiv genutzt werden können? Wer ist verantwortlich für nötige Folgeprojekte? Wer übernimmt die Verantwortung für die flächendeckende Nutzung des neu eingeführten Förderplans?

Beispiele:
- Projektbegleitungsgruppe besteht als Arbeitskreis weiter.
- Die Verantwortung für die flächendeckende Nutzung der Förderplanung wird an die Führungskräfte der einzelnen Bereiche abgegeben.

6 – Vorprojektphase – Projektidee, Problemlage und Ziele

Zu Beginn eines jeden Projekts steht eine *Projektidee*, beispielsweise: «Wir sollten unsere bestehende Förderplanung verändern, so dass sie aktuellen fachlichen Standards besser gerecht wird.»

Auf dieser Idee basierend werden üblicherweise mehrere Analysen durchgeführt, bevor es zur Projektplanung und schließlich zur Durchführung kommt. Je nach Umfang der Projektidee und voraussichtlicher Komplexität des Projekts sowie der Einrichtung bzw. der betroffenen Bereiche werden mehr oder weniger ausführliche *Problem- und Potenzialanalysen* durchgeführt und eine *Zielklärung* vorgenommen. In jedem Fall sollten die Projektziele möglichst konkret benannt werden. Bei größeren Zielen empfiehlt sich die Benennung von Teilzielen.

Basierend auf diesen Vorarbeiten wird eine *Grobplanung* des Projekts «ICF-basierte Förderplanung» erstellt. Hierbei sollten so konkret wie zu diesem Zeitpunkt möglich einzelne Projektschritte und Teilziele benannt und mit einem realistischen Zeitplan hinterlegt werden. Zudem sollte in der Grobplanung die voraussichtlich erforderlichen *Ressourcen zur Durchführung des Projekts* benannt werden (siehe **Abb. 6-1**).

Bezogen auf ein Projekt zur ICF-basierten Förderplanung sind beispielsweise folgende Fragen relevant:
Welche Probleme bestehen dadurch, dass keine einrichtungsinterne Förderplanung existiert? Oder: Ist die aktuelle Hilfe- und Förderplanung unzureichend? Inwiefern? Worin genau liegen aktuell die Probleme bzw. Unzulänglichkeiten? (Problemanalyse)

- Welche potenziellen Verbesserungsmöglichkeiten für die aktuelle Hilfe- und Förderplanung bestehen? Welche bisher nicht vorhandenen Möglichkeiten/Vorteile bzw. positiven Veränderungen werden von einer ICF-basierten Förderplanung erwartet? Kann (bzw. wie kann) diese Veränderung erreicht werden? (Potenzialanalyse)
- Fachlich verbindliche Systematik: Was genau soll über das Projekt erreicht werden (z.B. von der Sondierung möglicher Ansatzpunkte für eine ICF-basierte Förderplanung bis hin zur Entwicklung konkreter praxistauglicher Instrumente)? Woran ist erkennbar, dass das Ziel erreicht wurde? (Zielklärung)

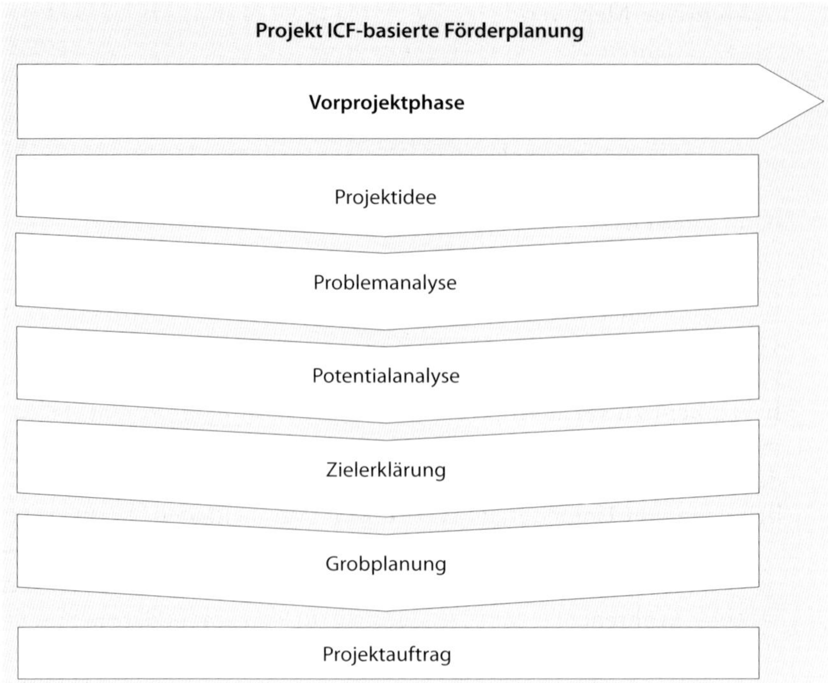

Abbildung 6-1: Vorprojektphase

- Welche personellen Ressourcen bindet die Durchführung des Projekts?
- Welche weiteren Kosten (Recherche, externe Berater, Reisekosten etc.) werden voraussichtlich anfallen?

Die *Idee,* eine ICF-basierte Förderplanung im **kbo-SPZ** zu etablieren, entstand insbesondere aus dem Anliegen heraus, die Planung von Unterstützungsleistungen fachlich weiter zu fundieren. Bis dato erfolgte diese einzig auf der Basis der Instrumente des bayerischen Gesamtplanverfahrens (HEB-Bögen). Diese stellten sich – aufgrund ihrer offenen Form, des zugrunde liegenden Planungszeitraums und vor allem aufgrund nicht hinreichend festgelegter fachlich verbindlicher Grundlagen zur Situationseinschätzung – zunehmend als unzureichend für die interne individuelle Förderplanung heraus (vgl. hierzu auch Kapitel 2).

Dementsprechend wurden an die Entwicklung einer internen Förderplanung folgende *Anforderungen* gestellt, die als *Ziele* formuliert wurden:

1. **Qualitativer Mehrwert:** Die Förderplanung unterstützt als dialogisches Verfahren die fachliche Fundierung der Planung von Betreuungsleistungen entlang den Prinzipien Personenzentrierung, Stärkung der Selbstbestimmung und Autonomie der Klienten, ganzheitliches Verständnis von Behinderung in der Einbeziehung von personenbezogenen und Umweltfaktoren. Sie ist so konzipiert, dass sie eine Transparenz der Planung gegenüber den Klienten unterstützt.

2. **Durchgängiges Verfahren mit Anschlussfähigkeit zu externen und internen Instrumenten der Hilfeplanung und Dokumentation von Leistungen:** Die Förderplanung wird konstant von der Aufnahme bis zur Beendigung der Maßnahmen eingesetzt. Sie ist nicht als isoliertes Instrument zu verstehen, sondern bildet zusammen mit den Instrumenten der Hilfeplanung (bayerisches Gesamtplanverfahren) und der Leistungsdokumentation den Rahmen für die Planung und Erbringung von Unterstützungsleistungen (vgl. Leitfaden zur internen Förderplanung im Download). In diesem Sinne kann die Förderplanung auch als fachliche Fundierung der Hilfeplanung verstanden werden: Während Letztere den groben Rahmen abbildet, konkretisiert die Förderplanung kleinschrittige Ziele und Maßnahmen. Unter diesem Aspekt dient die Förderplanung auch dazu, Ziele, Maßnahmen und Leistungen gegenüber dem Kostenträger zu legitimieren.

3. **Transparenz in der interdisziplinären Planung und Erbringung von Unterstützungsleistungen:** Durch eine verbindlich festgelegte Systematik inklusive einheitlicher Sprache unterstützt die Förderplanung die interdisziplinäre multiprofessionelle Zusammenarbeit sowohl an trägerinternen Schnittstellen (z. B. Abstimmung zwischen Angeboten des ambulant betreuten Wohnens und Beschäftigung/Tagesstrukturierung) als auch hinsichtlich externer Anbieter (z. B. Klinik, Anbieter von Leistungen zur medizinisch-beruflichen Rehabilitation).

Entscheidung, die Förderplanung auf der Grundlage der ICF aufzubauen

Die oben skizzierten Ziele und Anforderungen an eine Förderplanung warfen Fragen nach einer fachlich verbindlichen Systematik auf. Insbesondere die Maßgabe eines erweiterten Verständnisses von Behinderung, der Einbeziehung subjektiver Sichtweisen der Betroffenen sowie einer einheitlichen Sprache legten es nahe, die ICF der Förderplanung zugrunde zu legen (vgl. hierzu Kapitel 4).

Die ICF ermöglicht die systematische Beschreibung der gesundheitlich bedingten Aus- und Wechselwirkungen auf den Ebenen der Funktionen, der Aktivitäten und der Teilhabe an Lebensbereichen (z. B. Erwerbsleben, Erziehung/Bildung, Selbstversorgung) einer Person vor dem Hintergrund ihrer Lebenswelt. Durch den Fokus auf die Kontextfaktoren (Person und Umwelt) bezieht die ICF die subjektive Sicht des betroffenen Menschen mit ein. Mit anderen Worten: Sie ermöglicht die Beschreibung der *subjektiv erlebten* Behinderung. Auf dieser Basis können gemeinsam mit dem Klienten Ziele und Maßnahmen der Betreuungsarbeit ausgehandelt sowie seine Eigenverantwortung und Mitarbeit aktiviert werden.

Mit ihrem systematischen Verschlüsselungssystem liefert die ICF zudem den Strukturrahmen für die Erfassung der IST-Situation und für die Dokumentation des Entwicklungsprozesses. Damit kann auf der Ebene der direkt am aktuellen Hilfeprozess beteiligten Akteure die Abstimmung des professionellen Handelns verbessert werden. Von der sozialen Rehabilitation aus gesehen kann durch die Nutzung der ICF die Anschlussfähigkeit zu Rehaleistungen aus dem SGB V und dem SGB VI (medizinische und berufliche Rehabilitation) verbessert werden.

Für die Durchführung des Projekts «ICF-basierte Förderplanung» im kbo-SPZ fielen keine relevanten zusätzlichen Kosten an. Die hauptsächlichen Ressourcen waren im Bereich Personal – insbesondere durch die Projektleitung und die Begleitgruppe – zu verzeichnen. Somit war keine detaillierte Kosten-Planung mit fortlaufender Kontrolle notwendig.

Auf der Grundlage der Projektidee, der Problem- und Potenzialanalyse, der Zielklärung sowie der Grobplanung erfolgt der *Projektauftrag* zur Entwicklung/Implementierung einer ICF-basierten Förderplanung. Hierbei ist unter anderem relevant, wer diesen erteilt. Idealerweise befürworten die oberste Leitung, die Führungskräfte sowie die Mehrheit der betroffenen Mitarbeitenden den Projektauftrag. Wichtig für eine spätere Akzeptanz des Projekts und des mit der Einführung einer (neuen oder veränderten) Förderplanung verbundenen Mehraufwands ist auch ein entsprechender Diskurs mit den Berufspraktikern, die letztlich am direktesten von den Ergebnissen betroffen sind. Zumindest jedoch sollte sichergestellt sein, dass die relevanten Stakeholder das Projekt unterstützen. Zudem sollte geprüft werden, ob der Projektauftrag hinreichend konkretisiert ist.

Im **kbo-SPZ** wurde im Vorfeld des Projektauftrags mit den zuständigen Führungskräften (Bereichsleitungen) diskutiert, ob und inwiefern die Einführung einer ICF-basieren Förderplanung sinnvoll und relevant ist. Ein möglicher Nutzen wurde von den Führungskräften insbesondere in der besseren fachlichen Fundierung der Hilfeplanung gesehen. Der Auftrag, eine ICF-basierte Förderplanung zu entwickeln, wurde durch den Geschäftsführer erteilt.

Empfehlungen für die Vorprojektphase

- Die Problem- und Potenzialanalysen zur Entwicklung/Implementierung können je nach Größe des Unternehmens und intendierten Reichweite des Projekts knapp gehalten werden (z. B. ist ein externes Gutachten nicht erforderlich). In jedem Fall sollte jedoch konkret benannt werden, worin die aktuellen Probleme der Hilfe-/Förderplanung liegen, und welche Möglichkeiten eine ICF-basierte Förderplanung bietet.
- Stellen Sie vor dem Projektstart sicher, dass ein – möglichst konkreter – Auftrag seitens der Führungsebene besteht, und dass diese tatsächlich vom Nutzen des Projekts «ICF-basierte Förderplanung» überzeugt ist. Idealerweise können Sie bereits vor dem Projektstart die – von den Ergebnissen betroffenen – Berufspraktiker vom Nutzen des Projekts überzeugen.
- Stellen Sie sicher, dass die Projektziele möglichst konkret benannt sind. Bei größeren Zielen empfiehlt sich die Formulierung von Teilzielen.
- Benennen Sie möglichst konkret den zu erwartenden Zeitaufwand für das Projekt «ICF-basierte Förderplanung» bei allen Beteiligten. Da möglichst viele Bereiche und Mitarbeiter einbezogen werden sollen, sind die zeitlichen Ressourcen nicht zu unterschätzen. Entsprechende Ressourcen bzw. Freiräume sollten sicher gestellt sein.
- Die Kosten für das Projekt «ICF-basierte Förderplanung» halten sich erfahrungsgemäß in sehr überschaubarem Rahmen. Dennoch sollte im Vorfeld überlegt werden, welche Kosten – zum Beispiel für die Recherche, externe Beratung oder Mitarbeiter-Schulung – anfallen.

7 – Projektplanungsphase, Projektaufbau

In der *Planungsphase* wird die Projektidee zur «ICF-basierten Förderplanung» konkretisiert. Anhand der Projektziele wird das Vorhaben zur Erreichung der Ziele möglichst konkret geplant. Es gilt, entsprechende Meilensteine und dazugehörige Arbeitspakete zu erarbeiten, Termine und notwendige Dokumentations- und Informationswege festzulegen.

In der Praxis wird es mitunter erforderlich sein, Meilensteine und Arbeitspakete entsprechend der aktuell gewonnen Erkenntnisse anzupassen (siehe **Abb. 7-1**).

Zu den wesentlichen *Elementen in der Planungsphase* zum Projekt «ICF-basierte Förderplanung» zählen:

- das Definieren von Meilensteinen und daraus abgeleiteten Aufgaben und Arbeitsschritten inklusive eines Terminplans
- die Klärung von Verantwortlichkeiten sowie
- die Definition möglicher Schnittstellen.

Diese Informationen werden in einem *Projektplan* bzw. in einem *Projektstrukturplan* übersichtlich dargestellt.

Erstellung eines Projektplans mit Meilensteinen und Arbeitspaketen

Durch die Benennung von Meilensteinen für das Projekt «ICF-basierte Förderplanung» lassen sich möglichst konkrete Aufgaben ableiten. Dies bietet allen beteiligten Akteuren und insbesondere der Projektleitung eine Sicherheit zur Durchführung des Projekts (vgl. Jenny 2008: 309).

Abgeleitet von den Projektzielen werden zunächst die wichtigsten Meilensteine benannt. In einem zweiten Schritt ist zu prüfen, ob diese weiter differenziert werden müssen. Anschließend sollten die Meilensteine mit einem realistischen Zeitplan hinterlegt werden. Der Zeitplan hängt einerseits vom Umfang der definierten Meilensteine und andererseits von den zur Verfügung stehenden Ressourcen ab. Aus den Meilensteinen werden einzelne Aufgaben und Arbeitsschritte abgeleitet.

Im Projektplan werden die Meilensteine mit den zugehörigen Aufgaben dargestellt.

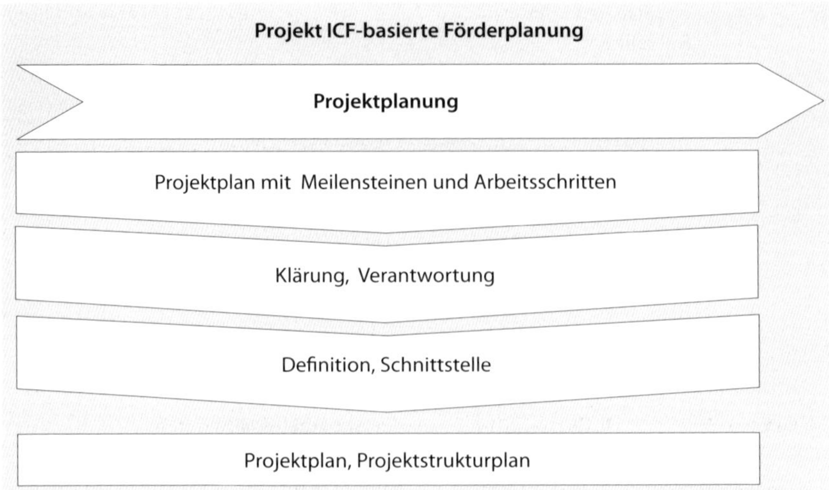

Abbildung 7-1: Projektplanung

Die **Tabelle 7-1** gibt einen Überblick über die wichtigsten Meilensteine des Projekts «ICF-basierte Förderplanung im **kbo-SPZ**». Vermutlich wird es im Projektverlauf notwendig werden, den Zeitplan anzupassen oder einzelne Arbeitsschritte anzupassen.

Empfehlungen zur Erstellung eines Projektplans mit Meilensteinen

- Formulieren Sie die Meilensteine für das Projekt «ICF-basierte Förderplanung» möglichst konkret, so dass sich aus ihnen einzelne Arbeitspakete ableiten lassen.
- Planen Sie einen zeitlichen Puffer entsprechend der für das Projekt bereit gestellten Ressourcen ein.
- Planen Sie eine ausführliche Recherche vorhandener Instrumente (Core Set, Förderplanung) ein, und prüfen Sie sorgfältig, ob diese für Ihre Einrichtung adaptiert werden können, oder ob eigene Instrumente neu entwickelt werden müssen.
- Gehen Sie ggf. in einem zweistufigen Verfahren vor:
  1. Entwicklung eines eigenen Core-Sets, das in eine Förderplanung integriert wird.
  2. Implementierung der «ICF-basierten Förderplanung» im Unternehmen.
- Überlegen Sie frühzeitig, wie eine Projektevaluation aussehen kann (beispielsweise durch Projektbegleitungsgruppe).

Tabelle 7-1: Projektplan mit Meilensteinen des Projekts «ICF-basierte Förderplanung im kbo-SPZ» (eigene Grafik)

Projektname: Implementierung einer ICF-basierten Förderplanung		
Projektstart: Januar 2011		Projektende: Dezember 2013
Meilensteine	**Termin**	**Benennung**
Meilenstein 1	I. Quartal 2011	Vorhandene Skalen und Förderpläne sind gesichtet.
Meilenstein 2	Juli 2011	Seminarteilnahme zur ICF
Meilenstein 3	II. Quartal 2011	Erstentwurf Itemlisten steht.
Meilenstein 4	III. Quartal 2011	Start Testlauf
Meilenstein 5	Oktober 2011	Start der Lotsenstelle, Vorstellung und erste Planung erfolgt auf Grundlage der ICF.
Meilenstein 6	November 2011	Instrument zur Förderplanung steht.
Meilenstein 7	Ende 2012	Grober Plan wird der Datenbank zugeführt.
Meilenstein 8	Januar 2013	Auswertung der Testphase und Anpassung der Formulare für den Bereich Wohnen
Meilenstein 9	I. Quartal 2013	Förderplanung ist der Datenbank zugeführt.
Meilenstein 10	I. Quartal 2013	Schulung der Mitarbeiter Teil 1
Meilenstein 11	März 2013	Schulung der Mitarbeiter Teil 2
Meilenstein 12	April 2013	Unterlagen sind überarbeitet und gelenkt.
Meilenstein 13	II. Quartal 2013	Leitfaden zur Förderplanung ist erstellt.
Meilenstein 14	III. Quartal 2013	Förderplanung ist im Regelbetrieb und der Datenbank zugeführt.

Tool zur Erstellung eines Projektplans mit Meilensteinen und Arbeitspaketen

Der nachfolgende Projektplan (siehe **Tab. 7-2**) benennt die wichtigsten Meilensteine für ein Projekt zur ICF-basierten Förderplanung. Diese können selbstverständlich noch weiter differenziert werden. Eine Vorlage des Projektplanes steht zum Download auf unserer Homepage für Sie bereit (Informationen finden Sie auf der letzten Seite in diesem Buch).

Tabelle 7-2: Vorlage Projektplan

Projektname:	**Implementierung einer ICF-basierten Förderplanung**	
Projektstart: xx.xx.xxxx		Projektende: xx.xx.xxxx
Meilensteine	**Termin**	**Benennung**
Meilenstein 1	xxxx	**Recherchearbeiten sind abgeschlossen.** Aufgaben • Recherche zu vorhandenen Instrumenten inkl. Core-Set • Prüfung Übertragbarkeit auf eigenes Unternehmen • Entscheidung, ob eigenes Instrument entwickelt oder ein vorhandenes Instrument adaptiert werden soll.
Meilenstein 2	xxxx	**Erste Version der ICF-basierten Förderplanung ist im Testlauf.** • Erstellung Erstentwurf des Instruments ICF-basierte Förderplanung • Einrichtung Testgruppe und Schulung dieser zur Anwendung des Instruments ➤ Testlauf startet.
Meilenstein 3	xxxx	ICF-basierte Förderplanung wird in allen definierten Bereichen genutzt. • Überarbeitung des Instruments ICF-basierte Förderplanung entsprechend der Rückmeldungen aus der Testgruppe • Erstellung eines Leitfadens zur ICF-basierten Förderplanung • Alle betroffenen Mitarbeitenden sind geschult. ➤ Start: Einsatz der ICF-basierten Förderplanung in allen definierten Bereichen.
Meilenstein 4	xxxx	ICF-basierte Förderplanung ist im Regelbetrieb. • Ggf. Überarbeitung des Instruments entsprechend der Rückmeldung der Mitarbeitenden. • Anpassung: Prozesse an allen Schnittstellen ➤ Förderplanung ist im Regelbetrieb.

7.1 – Klärung von Verantwortlichkeiten, Schnittstellen und internen Beteiligungen

Im Zuge der Projektplanung sollten Verantwortlichkeiten – beispielsweise für die Projektleitung oder die eigenständige Bearbeitung einzelner Arbeitspakete – klar festgelegt sein und gegenüber allen beteiligten Akteuren transparent gemacht werden.

Das Projekt «ICF-basierte Förderplanung» hat naturgemäß Auswirkungen auf verschiedene Prozesse und Bereiche eines Unternehmens (alle Bereiche, die die Förderplanung zukünftig nutzen sollen) und möglicherweise auch auf externe Schnittstellen (z. B. Leistungsträger, enge Kooperationspartner).

Solche Schnittstellen sowie ihre Haltung verschiedener Akteure gegenüber dem Projekt und den zu erwartenden Ergebnissen können den Verlauf und das Ergebnis positiv wie negativ beeinflussen (vgl. Jenny 2008: 674), je nachdem wie groß ihr Einfluss auf das Projekt ist. Beim Projekt «ICF-basierte Förderplanung» sind neben den Führungskräften insbesondere die Mitarbeitenden der betroffenen Bereiche wichtige Akteure in diesem Sinne.

Zur Projektplanung gehört es daher, mögliche relevante Schnittstellen zu definieren, sich zu überlegen, in welcher Beziehung diese zum Projekt stehen und ob bzw. welche Maßnahmen im Vorfeld und im Projektverlauf ergriffen werden müssen, um die Projektziele gut erreichen zu können.

Relevante Fragen für das Projekt «ICF-basierte Förderplanung» sind in diesem Zusammenhang beispielsweise:

- Wer ist für welche Aufgaben/Arbeitspakete im Projekt (und im späteren Regelbetrieb) verantwortlich; wer koordiniert?
- Welche Führungskräfte und Mitarbeitenden sind direkt am Projekt beteiligt? Wie stehen sie der Projektidee gegenüber?
- Welche Führungskräfte und Mitarbeitenden sind durch den Projektverlauf und/oder die Ergebnisse betroffen? Wie bewerten diese die Projektidee?
- Welche Prozesse (unternehmensintern und an externen Schnittstellen) sind durch den Verlauf und das Ergebnis des Projekts betroffen?
- Welche Maßnahmen können eine gute Abstimmung zu diesen Schnittstellen unterstützen?

Im **kbo-SPZ** bestanden verschiedene Schnittstellen zum Projekt «ICF-basierte Förderplanung». Diese waren Bereiche, Personen, vorhandene Instrumente, Formulare und Prozesse sowie andere laufende Projekte.

Schnittstelle Lotsenstelle (zentrale Anlaufstelle für Interessenten im Bereich ambulant betreutes Wohnen)

Da die ICF bereits im Aufnahmeverfahren Anwendung finden soll, betraf das Projekt im kbo-SPZ auch die zur gleichen Zeit neu entwickelte «Lotsenstelle», deren übergeordnetes Ziel die zeitnahe und bedarfsgerechte Weitervermittlung von psychisch kranken Menschen, die sich an das kbo-SPZ wenden, ist. Gemeinsam mit den Mitarbeitern der Lotsenstelle wurde das bis dahin bestehende Aufnahmeverfahren, die Sozialanamnese und Planungsinstrumente weiterentwickelt und mit ICF unterfüttert.

Schnittstelle Multiplikatoren Hilfeplanung

In jedem Bereich des kbo-SPZ sind Ansprechpartner zum Thema Hilfeplanung/Gesamtplanverfahren benannt, die an Multiplikatorentreffen mit anderen Einrichtungen aus der Region teilnehmen, Fragen zur Hilfeplanung und dem Gesamtplanverfahren diskutieren und aktuelle Informationen in ihre Teams zurücktragen. Gerade durch die Etablierung einer Arbeitsgruppe zur Förderplanung galt es hier, Zuständigkeiten und Abgrenzungen zu klären und zu kommunizieren. Außerdem sollte die interne Förderplanung die Themen aus dem Gesamtplanverfahren konkretisieren, wodurch sich weitere Berührungspunkte mit der Hilfeplanung ergaben.

Schnittstelle zum Projekt «Entwicklung einer einrichtungsinternen Datenbank»

Seit mehreren Jahren beschäftigte sich das kbo-SPZ mit Möglichkeiten der elektronischen Dokumentation/Datenerfassung. Die Einführung einer elektronischen Datenbank, die sowohl den fachlichen als auch den Verwaltungsbereich umfasst in den Jahren 2012/2013, erforderte eine enge Abstimmung zur Klärung, wie die Förderplanung in der Datenbank abgebildet werden soll. Zunächst startete die Datenbank mit Funktionen der Dokumentation und Aktenverwaltung, später wurden die elektronische Dokumentation der Förderplanung sowie Auswertungsmöglichkeiten integriert. Im Projektverlauf erwies sich diese Schnittstelle in mehrfacher Hinsicht als besondere Herausforderung: Erstens mussten aktuelle Änderungen in der Förderplanung in die – bereits laufende – Datenbank integriert werden. Zweitens waren die Mitarbeitenden sowohl mit der «neuen Förderplanung» als auch mit deren digitalen Aufbereitung «konfrontiert».

Schnittstelle zu intern vorhandenen Vorlagen und Vorgaben im Kontext Hilfeplanung

Bereits vorhandene Vorlagen zur Erfassung und Planung des Hilfebedarfs wurden an die Förderplanung angepasst bzw. zum Teil durch neue Vorlagen ersetzt. Dokumente, wie zum Beispiel Verfahrensanweisungen und Checklisten, wurden sukzessive um die jeweiligen Änderungen ergänzt. Dies erforderte eine enge Abstimmung mit den jeweils zuständigen Personen.

Schnittstelle zu einem laufenden ICF-Projekt in einem Schwester-Unternehmen des Konzerns

In einer Klinik des Gesamtkonzerns kbo startete 2012 ein Projekt zur Nutzung der Mini-ICF-APP in Teilbereichen. Hier bestand zunächst die Idee, beide Projekte miteinander zu verbinden oder zumindest Anschlussfähigkeiten (Entlassung aus der Klinik >> Aufnahme in eine Wohngemeinschaft) zu testen. Dies erwies sich allerdings aufgrund der unterschiedlichen Projektverläufe als nicht realisierbar. Zwischen den wesentlichen Akteuren beider Projekte erfolgt ein Fachaustausch, und die Idee eines gemeinsamen Projekts an dieser Schnittstelle könnte zu einem späteren Zeitpunkt wieder aufgenommen werden.

Empfehlungen zu Schnittstellen und internen Beteiligungen

- Klären Sie, welche Bereiche in Ihrem Unternehmen die interne Förderplanung betrifft. Sie sollte möglichst den gesamten Prozess – von der Aufnahme über die Betreuung bis zur evtl. Entlassung – quer durch alle Bereiche umfassen.

- Klären Sie, welche bereits vorhandenen Instrumente durch die ICF-basierte Förderplanung tangiert werden (z. B. Hilfeplanverfahren, Leistungsdokumentation).
- Koppeln Sie das Projekt ICF-basierte Förderplanung möglichst nicht an andere Projekte! Insbesondere sollte eine digitale Aufbereitung der Förderplanung (bzw. die Integration in eine bestehende Datenbank) erst dann erfolgen, wenn alle Instrumente und Verfahren hinreichend erprobt sind.

7.2 – Tool zur Klärung von Schnittstellen und internen Beteiligungen

Siehe **Tabelle 7-3**. Diese Tabelle zur Klärung von Schnittstellen in Anlehnung an den Stakeholder-Analyse-Prozess steht zum Download auf unserer Homepage für Sie bereit (Informationen finden Sie auf der letzten Seite in diesem Buch).

7.3 – Projektstrukturplan

Der Projektstrukturplan bündelt die wesentlichen Schritte des Projekts «ICF-basierte Förderplanung» und stellt diese übersichtlich dar. Er enthält in logischer Reihenfolge Aufgaben mit unterschiedlichem Detaillierungsgrad:

- Aufgabenblöcke
- Arbeitspakete sowie
- detaillierte Aufgaben.

Der Projektstrukturplan bildet auch die Organisation von Beteiligungen und Abstimmungen ab. Der nachfolgende Projektstrukturplan bildet das Projekt im kbo-SPZ ab. Die drei Aufgabenblöcke beinhalten unterschiedlich umfangreiche Arbeitspakete. Diese wiederum sind in detailliertere Aufgaben differenziert. Die Projektbegleitungsgruppe ist ab dem Testlauf zugeschaltet. Die Abstimmung mit der Projektlenkungsgruppe erfolgt über das gesamte Projekt hinweg zu relevanten Fragestellungen bzw. an den fest gelegten Meilensteinen (siehe **Abb. 7-2**).

Tabelle 7-3: Klärung von Schnittstellen in Anlehnung an den Stakeholder-Analyse-Prozess *(Fortsetzung n. Seite)*

Schnittstellen und interne Beteiligungen	Wechselwirkung mit dem Projekt	Mögliche Maßnahmen
Welche Personen/Bereiche des Unternehmens sind vom Verlauf und/oder den Ergebnissen betroffen? Beispiele: • Die Durchführung des Projekts bindet personelle Ressourcen. • Mit der Einführung der ICF-basierten Förderplanung ist ein zusätzlicher Arbeitsaufwand verbunden. • Die Projektergebnisse beeinflussen wesentlich die Arbeitsabläufe und/oder -Inhalte.	Welche Chancen oder Risiken für das Projekt sowie für die betroffenen Akteure/Bereiche können sich hieraus ergeben? Beispiele: • Die Führungskräfte fürchten einen zu hohen personellen Aufwand durch das Projekt. • Mitarbeitende befürworten die ICF-basierte Förderplanung als fachliche Fundierung der Hilfeplanung.	Welche Maßnahmen sind erforderlich, um Chancen an diesen Schnittstellen zu nutzen bzw. Risiken zu minimieren? Beispiele: • Enge Abstimmung mit den Führungskräften bzgl. des erforderlichen personellen Aufwands. • Einbeziehung der Mitarbeitenden, die die ICF-basierte Förderplanung befürworten für die Testphase.
Welche externen Akteure/Bereiche sind vom Verlauf und/oder den Ergebnissen betroffen? Beispiele: • Ergebnisse des Projekts ICF-basierte Förderplanung haben unmittelbare Auswirkungen auf den Hilfeplan des Leistungsträgers. • Ergebnisse des Projekts ICF-basierte Förderplanung haben unmittelbare Auswirkungen auf die gemeinsame Hilfeplanung mit externen Kooperationspartnern.	Welche Chancen oder Risiken für das Projekt sowie für die betroffenen Akteure/Bereiche können sich hieraus ergeben? Beispiele: • Die Vorgaben des Leistungsträgers können Projektergebnisse unterstützen oder konterkarieren. • Je nach Instrumenten der Kooperationspartner kann sich durch die ICF-basierte Förderplanung die gemeinsame Hilfeplanung erleichtern oder erschweren.	Welche Maßnahmen sind erforderlich, um Chancen an diesen Schnittstellen zu nutzen bzw. Risiken zu minimieren? Beispiele: • Enge Abstimmung mit dem Leistungsträger, um die Entwicklungen möglichst zu harmonisieren. • Einbindung der relevanten Kooperationspartner in das Projekt, um Instrumente und/oder Verfahren abzustimmen.

Tabelle 7-3: Klärung von Schnittstellen in Anlehnung an den Stakeholder-Analyse-Prozess *(Fortsetzung)*

Schnittstellen und interne Beteiligungen	Wechselwirkung mit dem Projekt	Mögliche Maßnahmen
Welche internen und/oder externen Prozesse sind vom Verlauf und/oder den Ergebnissen des Projekts betroffen? Beispiele: • Die Förderplanung muss in den einrichtungsinternen Gesamtprozess Hilfeplanung integriert werden. • Der Aufnahmeprozess muss entsprechend der Förderplanung angepasst werden (Anschlussfähigkeit).	Welche Chancen oder Risiken für das Projekt sowie für die betroffenen Prozesse können sich hieraus ergeben? Beispiele: • Der Gesamtprozess Hilfeplanung ist durch die Förderplanung besser fachlich fundiert. • Der Gesamtprozess Hilfeplanung ist durch die Förderplanung komplexer und arbeitsaufwändiger.	Welche Maßnahmen sind erforderlich, um Chancen an diesen Schnittstellen zu nutzen bzw. Risiken zu minimieren? Beispiele: • Die Auswirkungen der erarbeiteten Förderplanung auf den Gesamtprozess werden im Projektverlauf regelmäßig überprüft. • Die für den Hilfeplanprozess zuständigen Akteure werden aktiv in das Projekt eingebunden.
Welche parallel laufenden internen und/oder externen Projekte sind vom Verlauf und/oder den Ergebnissen des Projekts betroffen? Beispiele: • Die Förderplanung soll Bestandteil der «einrichtungsinternen Datenbank» sein, die sich ihrerseits in der Entwicklungs- und Testphase befindet.	Welche Chancen oder Risiken für das Projekt sowie für parallel laufende Projekte können sich hieraus ergeben? Beispiele: • Unterschiedliche Projektphasen: Datenbank steht kurz vor dem Abschluss, Projekt Förderplanung befindet sich noch in der Testphase >> Bestandteile der Förderplanung müssen festgelegt werden, damit sie in die Datenbank integriert werden können.	Welche Maßnahmen sind erforderlich, um Chancen an diesen Schnittstellen zu nutzen bzw. Risiken zu minimieren? Beispiele: • Generell sollten Projekte möglichst voneinander entkoppelt werden. • Enge Abstimmung der Projektverantwortlichen bzgl. des Zeitablaufs (Puffer einplanen).

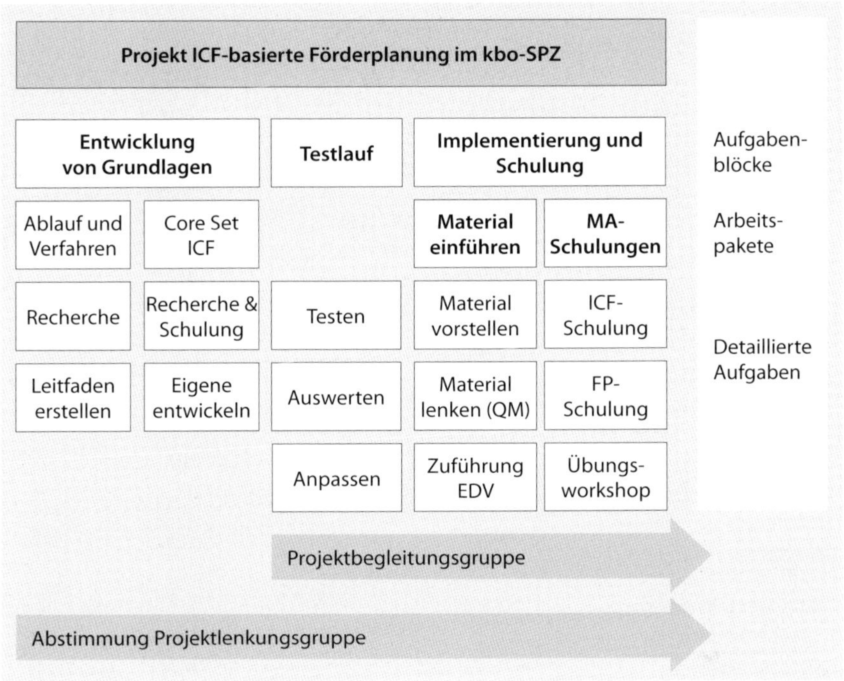

Abbildung 7-2: Projektstrukturplan, Aufbau und Arbeitspakete des Projekts (eigene Grafik)

7.4 – Tool Projektstrukturplan

Siehe **Abbildung 7-3**. Eine Vorlage des Projektstrukturplanes steht zum Download auf unserer Homepage für Sie bereit (Informationen finden Sie auf der letzten Seite in diesem Buch).

7.5 – Projekt-Gruppen

Abgeleitet aus dem Projektstrukturplan sind die verschiedenen Arbeitsgruppen für ein Projekt zur ICF-basierten Förderplanung zu bilden. Wir empfehlen die Einrichtung folgender Gruppen:

- Projektarbeitsgruppe mit Projektleitung
- Projektbegleitungsgruppe (und ggf. Evaluationsgruppe)
- Projektlenkungsgruppe.

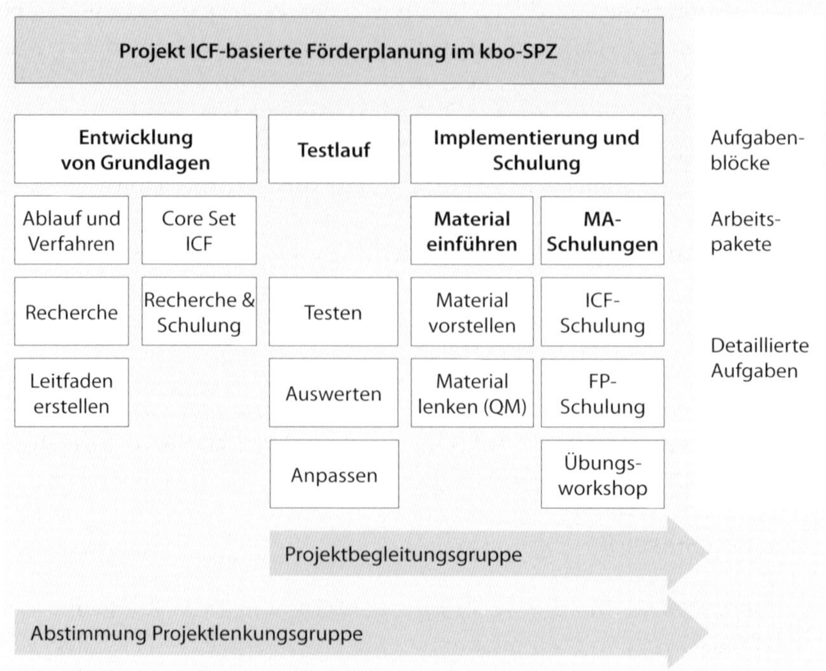

Abbildung 7-3: Vorlage Projektstrukturplan (eigene Grafik)

Die *Projektarbeitsgruppe* führt – koordiniert durch die Projektleitung – alle im Projektplan benannten Aufgaben und Arbeitspakete durch. Je nach Größe des Unternehmens setzt sie sich aus mehreren Mitarbeitern und/oder Führungskräften zusammen. Die Gruppe sollte nicht zu groß sein, um die Arbeitsfähigkeit zu gewährleisten. Für die Projektleitung sollte aus der Gruppe eine Vertretung benannt werden.

Die *Projektbegleitungsgruppe* setzt sich, je nach Größe des Unternehmens bzw. der betroffenen Bereiche, aus ein bis drei Mitarbeitern aller an der Förderplanung beteiligten Bereiche zusammen. Sie vertreten unterschiedliche Professionen (Fachkrankenpfleger, Sozialpädagogen, Sozialarbeiter ...) und haben innerhalb ihrer Teams verschiedene Funktionen (Betreuer WG oder BEW, Casemanager, Sozialdienst, Bereichsleitung usw.). So soll sichergestellt werden, dass alle an der Förderplanung beteiligten Berufsgruppen vertreten sind und die jeweiligen Sichtweisen hinreichend berücksichtigt werden. Die Treffen der Projektbegleitungsgruppe orientieren sich an einer systematischen Agenda, und die Inhalte werden in Form eines Prozessprotokolls festgehalten.

Die Informationen und Ergebnisse aus der Projektbegleitungsgruppe werden wiederum von den Ansprechpartnern in die einzelnen Bereiche weitergegeben. So soll sichergestellt werden, dass alle an der Förderplanung beteiligten Mitarbeiter immer auf dem aktuellen Stand sind. Zusätzlich können aktuelle Unstimmigkeiten und Unklarheiten schnell behoben werden, und auf neue Bedarfe (Nachschulung usw.) kann schnell reagiert werden.

Die *Projektlenkungsgruppe* setzt sich aus wesentlichen Stakeholdern (Führungskräfte, Geschäftsführung), der Projektleitung sowie ggf. externen Beratern zusammen.

Die *Projektbegleitungsgruppe* bestand aus elf Mitarbeitern unterschiedlicher Berufsgruppen und Funktionen innerhalb des **kbo-SPZ**. Jedes Treffen ist gleich aufgebaut.

1. *Infos zur aktuellen Entwicklung des Projekts*

2. *Anmerkungen zu den Itemlisten werden gesammelt:* Zusätzlich benötigte Items werden gesammelt. Zu einem späteren Zeitpunkt soll anhand dieser Liste überprüft werden, ob die derzeit genutzte Itemliste angepasst werden muss oder dem Bedarf der Förderplanung entspricht.

3. *Informationen aus den einzelnen Bereichen werden abgefragt*: Die jeweiligen Mitarbeiter übernehmen innerhalb ihrer Bereiche kleinere Nachschulungen und bieten Übungsnachmittage an. Außerdem haben sie die Funktion des Ansprechpartners bei Fragen zur Förderplanung. Sie tragen offene Punkte und Informationen über den jeweiligen Stand der Umsetzung im Bereich zusammen und bringen diese in die Projektbegleitungsgruppe ein.

4. *Ein im Vorfeld bekannt gegebenes Schwerpunktthema wird vertieft*: Die Schwerpunktthemen betreffen zum einen Grundlagen der Förderplanung (Umgang mit der Ratingscala, Überprüfung des Leitfadens …) oder auch anlassbezogene Vertiefungen zum Inhalt und zu dem Verfahren der internen Förderplanung (Anpassung des Erhebungsrhythmus, EDV gestützte Dokumentation etc.).

Eine weitere wichtige Aufgabe der Projektbegleitungsgruppe besteht in der Evaluation der Förderplanung und deren Einführung. Hierfür werden an zwei Terminen im Abstand von drei Monaten strukturierte Diskussionen mit festgelegten Frageschwerpunkten durchgeführt. Die Ergebnisse dienen als Grundlage der Evaluation, Anpassung und Optimierung.

Die *Projektlenkungsgruppe* setzt sich zusammen aus dem Geschäftsführer, der Fachreferentin der Geschäftsführung, der Projektleitung und einer weiteren Fachexpertin (in den Bereichen Rehabilitation/Teilhabe bei kbo). Bei den Treffen wurden die Grundlagen und Rahmenbedingungen des Projekts und der Projektbegleitgruppe besprochen und festgelegt. Aktuelle Entwicklungen und Rückmeldungen flossen in die Treffen mit ein (siehe **Abb. 7-4**).

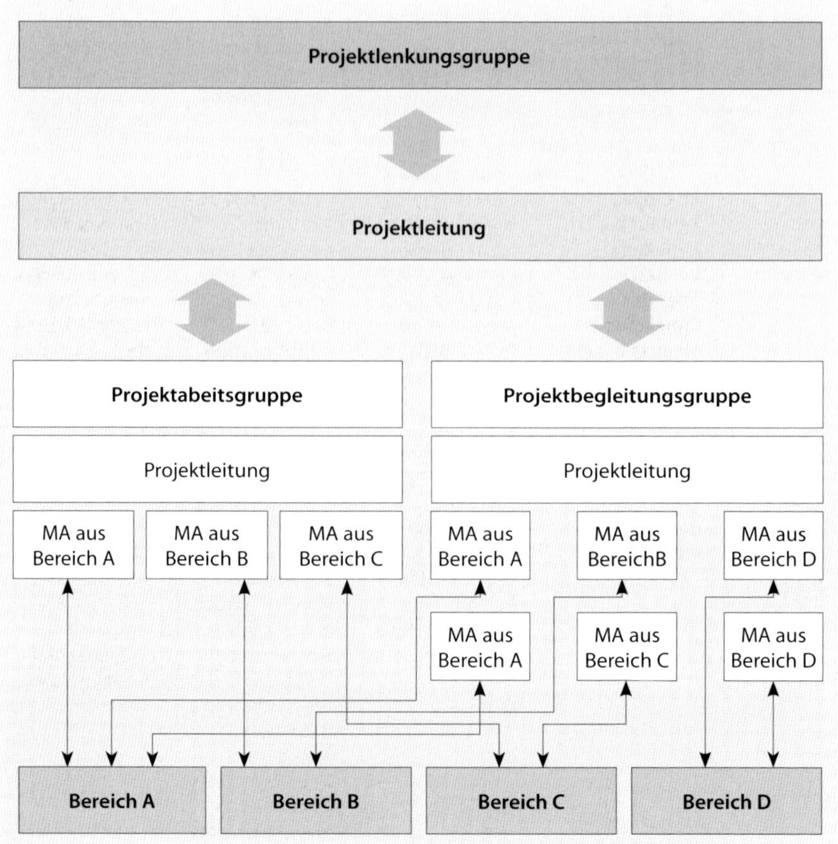

Abbildung 7-4: Hierarchie und Einbindung der Projektgruppen (eigene Grafik)

7.6 – Tool zur Bildung von Projektgruppen

Siehe **Tabelle 7-4.** Diese Übersichtstabelle zur Bildung von Projektgruppen steht zum Download auf unserer Homepage für Sie bereit (Informationen finden Sie auf der letzten Seite in diesem Buch).

Tabelle 7-4: Bildung von Projektgruppen

	Zeitraum	Teilnehmer	Turnus	Inhalt
Projektarbeitsgruppe Projektleitung	gesamter Projektverlauf	• Drei bis fünf Mitarbeiter aus den an der Förderplanung beteiligten Bereichen. • Für die Projektleitung wird eine Vertretung festgelegt.	• Je nach Projektdauer ca. einmal im Monat. Der Turnus wird so angepasst, dass die Treffen der Projektbegleitungsgruppe vorbereitet werden können.	• Erarbeitung aller Grundlagen • Anpassung der Instrumente • Vorbereitung der Treffen der Projektbegleitungs- und Projektlenkungsgruppe
Projektbegleitungsgruppe	ab Projektphase Testlauf bis Projektende bei Bedarf auch über das Projektende hinaus i. S. eines Qualitätszirkels	• Ein bis drei Mitarbeiter aller an der Förderplanung beteiligter Bereiche möglichst aus unterschiedlichen Berufsgruppen. • Organisator, Moderator.	• Treffen je nach Auftrag und Bedarf ca. einmal im Monat. Turnus kann später ausgedehnt werden.	• Testen der Instrumente und Erarbeiten von Verbesserungsvorschlägen • Multiplikatorenfunktion in den Teams
Projektlenkungsgruppe	gesamter Projektverlauf	• Oberste Führungsebene bzw. delegierte Person. • Projektleitung. • Bei Bedarf externe Beratung.	• Nach Abschluss der einzelnen Meilensteine bzw. bei aktuell auftretendem Abstimmungsbedarf, der für die Fortführung des Projekts relevant ist. • Je nach Projektdauer ca. einmal pro Quartal.	• Abnahme der Meilensteine • Abstimmung von Veränderungen im Projektablauf • Abnahme des Endergebnisses

8 – Projektrealisierung

In der Realisierungsphase wird das Projekt «ICF-basierte Förderplanung» anhand der erstellten Projektpläne von den benannten verantwortlichen Personen umgesetzt (siehe **Abb. 8-1**).

In den nachfolgenden Kapiteln werden die Arbeitspakete, die zur Entwicklung und Implementierung einer ICF-basierten Förderplanung notwendig sind, beschrieben. Diese sind:

- Recherche und Information
- Entwicklung des Verfahrens zur Förderplanung
- Entwicklung des Instruments Förderplan inkl. der Itemlisten nach ICF
- Testung des Instruments und des Verfahrens
- Schulung der Mitarbeitenden
- Entwicklung von Arbeitshilfen zur Umsetzung (Leitfaden).

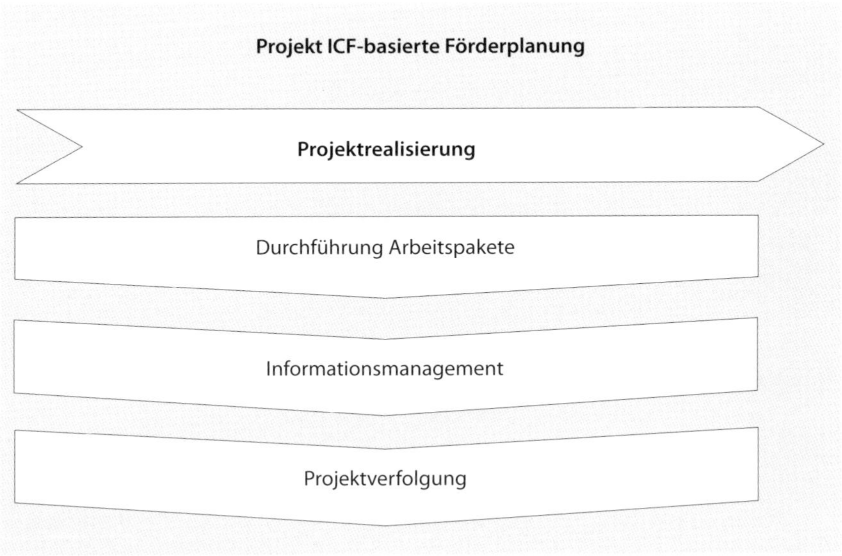

Abbildung 8-1: Projektrealisierung

Während der gesamten Realisierungsphase erfolgt ein enger Austausch mit der Projektsteuerungsgruppe und den beteiligten Führungskräften.

Die Projektbegleitungsgruppe setzt ab der Testphase ein. Sie hat im Wesentlichen die Funktion, Instrument und Verfahren auf Praxistauglichkeit zu testen und entsprechende Verbesserungsvorschläge zu formulieren. Die Mitglieder der Projektbegleitungsgruppe fungieren auch als Multiplikatoren und – während/nach der Implementierung der ICF-basierten Förderplanung – als Ansprechpartner für auftauchende Fragen in ihren Teams.

8.1 – Recherche und Information

Die ICF ist vergleichsweise jung und wird in der sozialen Rehabilitation für psychisch kranke Menschen noch relativ wenig genutzt.

Allerdings befassen sich zunehmend verschiedene Einrichtungen und Akteure mit der ICF, insbesondere im Bereich der medizinisch-beruflichen Rehabilitation, vereinzelt aber auch in der sozialen Rehabilitation. Da diese Entwicklung recht dynamisch ist, sollten auf jeden Fall ausführliche Recherchen zu vorhandenen nutzbaren Instrumenten, insbesondere zu Itemlisten, und zu entsprechenden Verfahren und Projekten durchgeführt werden.

Informationen über aktuelle Aktivitäten zum Thema können unter anderem in der offiziellen Projektliste zur ICF der WHO «ICF-Projekte im deutschsprachigen Raum» (siehe Linkliste auf S. 135) sowie über die Informationssammlung der ICF-Anwenderkonferenz der Deutschen Rentenversicherung (siehe Linkliste) eingesehen werden.[7]

Im **kbo-SPZ** erstreckte sich die Recherche-Phase über einen Zeitraum von ca. drei Monaten. Recherchiert wurde zunächst vor allem über das Internet. Um einen besseren Einblick in verschiedene Projekte zu erhalten, fand ein Austausch mit den entsprechenden Akteuren statt. Dieser erfolgte per Mail, aber auch über Anwenderworkshops, Schulungen und persönliche Gespräche.

Zum damaligen Zeitpunkt (2012) waren die meisten für die soziale Rehabilitation psychisch kranker Menschen interessanten Veröffentlichungen im Bereich der Rehabilitation zu finden. Die vorhandenen Instrumente, insbesondere die Itemlisten, erwiesen sich jedoch für unser Anliegen als nicht ausreichend bzw. nicht passend.

Empfehlungen zu Recherche und Information

- Die Entwicklung ICF-basierter Förder-, Hilfeplanungs- und Assessmentinstrumente verläuft in Deutschland aktuell sehr dynamisch. Daher sollten Sie eine ausführliche Recherche zu bereits bestehenden Instrumenten und insbesondere zu Itemlisten durchführen.
- Einen guten Überblick über laufende ICF-Projekte finden Sie im Internet auf der Website der WHO «ICF-Projekte im deutschsprachigen Raum» sowie über die Informationssammlung der ICF-Anwenderkonferenz der Deutschen Rentenversicherung.
- Für einen guten Überblick über aktuelle Projekte und Aktivitäten sollten Sie entsprechende Anwenderkonferenzen und Fachtagungen besuchen.

8.2 – Verfahren der Förderplanung

In Deutschland ist für die Beantragung von Leistungen der sozialen Rehabilitation (Eingliederungshilfe) für psychisch kranke Menschen ein Gesamtplan nach § 58 SGB XII aufzustellen (vgl. Kapitel 2). Je nach Bundesland existieren hierzu verschiedene verbindliche Verfahren.

In jedem Fall sollten die Hilfeplanung (Gesamtplan) und der ICF-basierte Förderplan so miteinander verzahnt werden, dass insgesamt ein für alle Beteiligten, insbesondere für die Klienten, stimmiges Verfahren entsteht.

Bezogen auf den Gesamtplan in Bayern bildet dieser den groben Rahmen der Hilfeplanung, während im Förderplan daraus kleinschrittige Ziele und Maßnahmen abgeleitet werden. Der Gesamtplan in Bayern wird in der Regel in einem Turnus von einem Jahr erstellt. Die Förderplanung sollte in einem Turnus von drei bis sechs Monaten durchgeführt werden.

Die Verzahnung von Hilfe- und Förderplan *als Prozess* ist in **Abbildung 8-2** dargestellt.

Auf der Basis der im Gesamtplan formulierten Ziele und Maßnahmen wird in der Förderplanung

- gemeinsam mit dem Klienten festgelegt, welches Ziel aus dem Gesamtplan bearbeitet wird.
- vom Fachpersonal eingeschätzt, welche Bereiche der Aktivität/Teilhabe aus dem jeweiligen Bereich wie stark eingeschränkt sind.
- gemeinsam mit dem Klienten eruiert, welche Fähigkeiten der Klient aktuell hat, um das Ziel zu erreichen.

- gemeinsam mit dem Klienten diskutiert, welche Hindernisse auf dem Weg zum Ziel liegen. Das kann in der Person selbst liegen (z. B. der Klient merkt gar nicht, wenn die Wäsche schmutzig ist) oder auch in der Umwelt/Umgebung (z. B. die Waschmaschine in der WG ist immer belegt).
- gemeinsam mit dem Klienten überlegt, welche Unterstützung aus der Umwelt/Umgebung kommen könnte (z. B. Unterstützung von einem anderen WG-Bewohner).
- gemeinsam mit dem Klienten festgelegt, welche Unterstützung dann noch vom Fachpersonal notwendig ist, zum Beispiel einen Waschplan erstellen und umsetzen.

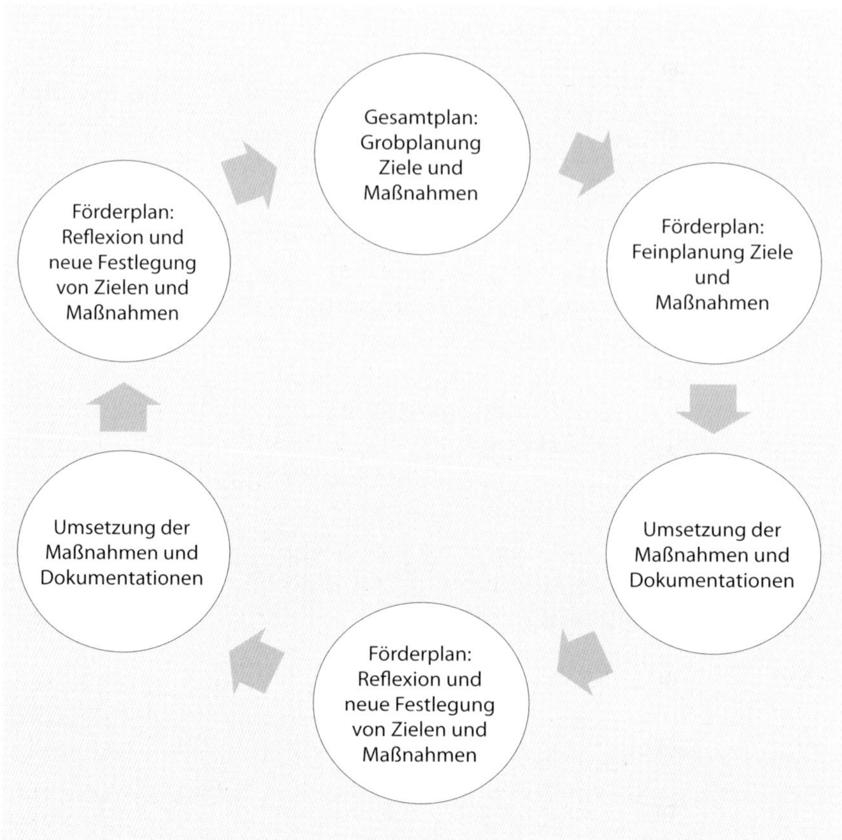

Abbildung 8-2: Prozess Verzahnung der Hilfe- und Förderplanung (eigene Grafik)

Die Verzahnung des Förderplans mit dem bayerischen Gesamtplan lässt sich *schematisch* wie in **Abbildung 8-3** darstellen:

Im zeitlichen Verlauf stellt sich die Verzahnung des Förderplans mit dem bayerischen Gesamtplan auf der Ebene der Ziele wie in **Abbildung 8-4** dar.

Sozialbericht	Fernziel ____________		
HEB B	Rahmenziele		
	A) ____________		
	B) ____________		
	C) ____________		
Förderplan	Fokus Rahmenziel A) und C)	Fokus Rahmenziel A) und B)	Fokus Rahmenziel B) und C)
	Handlungsziele	Handlungsziele	Handlungsziele
	A1: ________	A2: ________	B2: ________
	A2: ________	B1: ________	B3: ________
	C3: ________	B2: ________	C2: ________
HEB B	Fortschreibung Rahmenziele		
	B) ____________		
	C) ____________		
	D) ____________		

Abbildung 8-3: Schematische Verzahnung Gesamtplan und Förderplan (eigene Grafik)

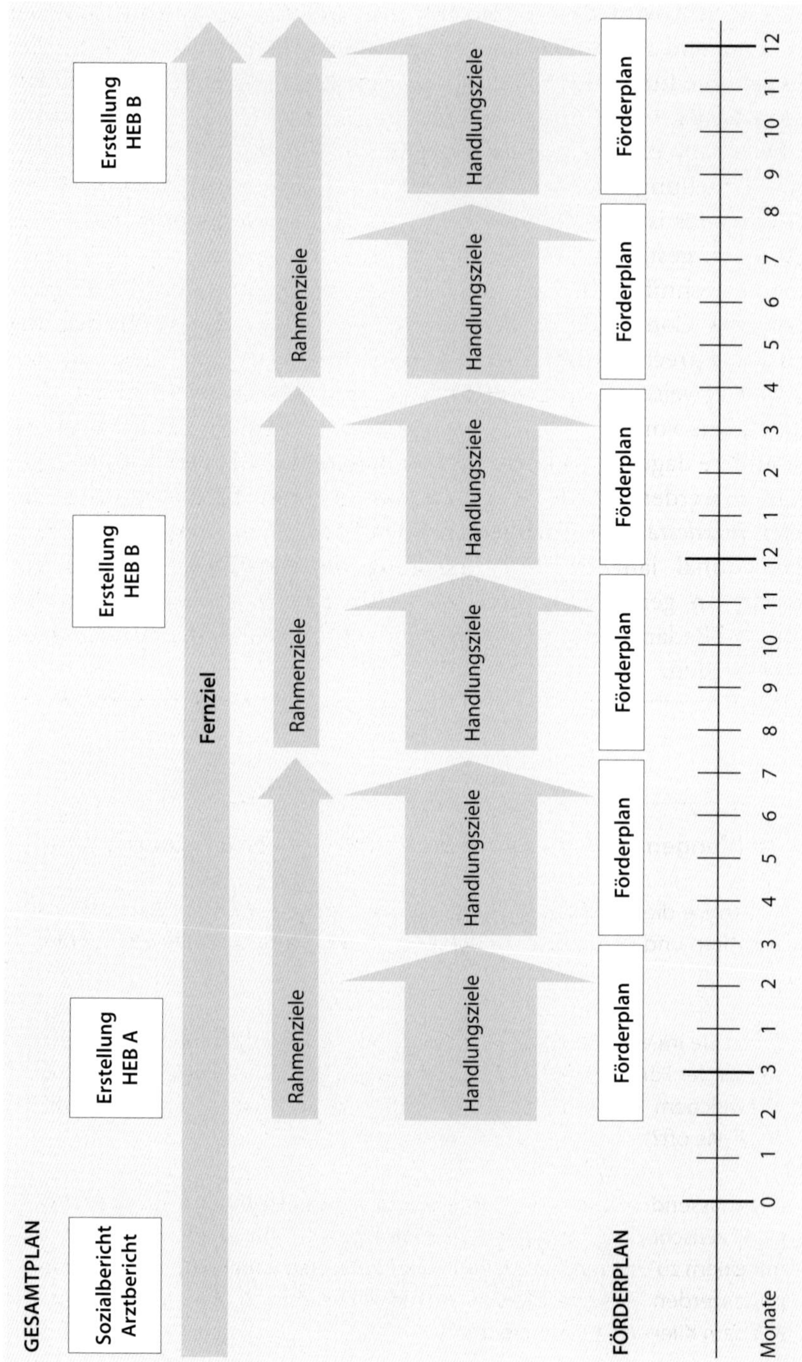

Abbildung 8-4: Verzahnung Gesamtplan und Förderplan im zeitlichen Verlauf (eigene Grafik)

Im **kbo-SPZ** wird der Förderplan entsprechend der oben skizzierten Prozesse und Abläufe umgesetzt. Verantwortlich für den Förderplan (ebenso wie für die Erstellung des Gesamtplans) sind die jeweiligen Bezugsbetreuer.

Die knapp einjährige Erfahrung im kbo-SPZ zeigt, dass die gemein_ same Erstellung des Förderplans mit den Klienten unterschiedlich gut gelingt. Hier ist das Fachpersonal gefordert, ein individuell passendes Setting zu gestalten. Dies kann von kurzen Gesprächen über Visualisierungstechniken bis hin zum gemeinsamen Ausfüllen des Förderplans am Computer reichen. Auch der Turnus der Förderplanung muss entsprechend der Situation und Person der einzelnen Klienten möglicherweise angepasst werden. Im kbo-SPZ hat sich gezeigt, dass der Turnus von vier Monaten für manche Klienten zu «dynamisch», für andere dagegen zu lange ist. Um diesen individuellen Bedarfen gerecht zu werden, wurde vereinbart, dass in einem Turnus von vier Monaten *mindestens* das Fachpersonal den Förderplan überprüft. Mindestens einmal jährlich (vor Erstellung des Gesamtplans) wird der Förderplan gemeinsam mit dem Klienten besprochen. Umgekehrt kann bei Bedarf der Förderplan auch in kürzeren Abständen durchgeführt werden.

Empfehlungen zur Festlegung des Verfahrens Förderplanung

- Stellen Sie die Anschlussfähigkeit der Förderplanung an das Gesamtplanverfahren und ggf. weitere Verfahren, die den Betreuungsalltag gestalten, sicher.
- Legen Sie im Verfahren zur Förderplanung die wichtigsten Eckpunkte fest: Turnus der Förderplanung, Zuständigkeiten (Wer führt die Förderplanung mit welchem Klienten durch?), Überprüfung (Durch wen wird überprüft? Was? Wie oft?).
- Der «passende» Turnus der Förderplanung muss erprobt werden. Er sollte i.d.R. zwischen vier und sechs Monaten liegen. Gibt es einzelne Klienten mit einem zu dichten Turnus, kann der Förderplan vom Fachpersonal überprüft werden. Er sollte allerdings mindestens einmal jährlich gemeinsam mit dem Klienten erstellt werden.

8.3 – Das Instrument Förderplan

Die oben genannten Elemente der Förderplanung – Ziel(e) aus dem Gesamtplan, Beschreibung der Ist-Situation (Aktivität/Teilhabe), Beschreibung der Fähigkeiten und Hindernisse, Festlegung von Unterstützungsmaßnahmen (aus der Umwelt/Umgebung und vom Fachpersonal) – werden mit dem Förderplan erhoben.

Hierfür muss ein Instrument entwickelt werden, das im Sinne eines Leitfadens und Dokumentationsinstruments alle Eckpunkte enthält.

Das Instrument Förderplan stellt für das Fachpersonal und den Klienten die gemeinsame Arbeitsgrundlage dar. Erfahrungen zeigen, dass die optische Aufbereitung solcher Instrumente wesentlich bestimmt, ob diese (vom Fachpersonal und vom Klienten) akzeptiert werden oder nicht. Formularähnliche Instrumente mit kleiner Schrift, vielen Bögen und Erläuterungen werden erfahrungsgemäß als «bürokratisch» empfunden und erschweren eher den Prozess, als dass sie ihn unterstützen. Der Förderplan sollte daher ansprechend und übersichtlich gestaltet sein.

Im **kbo-SPZ** wurde das Instrument Förderplan im Sinne eines Übersichtsplans aufbereitet (vgl. Kapitel 8.4), der alle wesentlichen Elemente enthält. Wichtig war dabei, das Zusammenspiel von Gesamtplan und Förderplan sowie die Integration der Itemlisten optisch darzustellen. Aufgrund der neu eingeführten Datenbank, in der auch alle betreuungsrelevanten Dokumentationen vorgenommen werden, war es erforderlich, den Förderplan dort zu integrieren. Die Abbildung des Förderplans in der Datenbank ist noch verbesserungswürdig.

Während der Förderplan in Papierform vom Fachpersonal und von Klienten gut akzeptiert wurde, wird die Dokumentation im Datenbanksystem noch als zu kompliziert und wenig praktikabel empfunden. Sie eignet sich aktuell eher nicht, um gemeinsam mit dem Klienten die Förderplanung am Computer zu erstellen. Dadurch ergibt sich für das Fachpersonal in gewissem Sinne ein «doppelter Aufwand»: die gemeinsame Erstellung der Förderplanung mit dem Klienten in Papierform und anschließend die Dokumentation in der Datenbank. Im kbo-SPZ werden deshalb aktuell Überlegungen angestellt, die Darstellung des Förderplans in einer gesonderten (Schnittstellenfähigen) Datenbank optisch ansprechend und praktikabel zu entwickeln.

Empfehlung zum Instrument Förderplan

Die visuelle Aufbereitung der Eckdaten der Förderplanung hat wesentlichen Einfluss auf die Akzeptanz der Förderplanung an sich. Das Instrument Förderplan sollte daher ansprechend, übersichtlich und praktikabel gestaltet sein. Dies gilt sowohl für die Papier-Version als auch für eine digitale Aufbereitung.

8.4 – Modul Förderplan

Der Förderplan enthält alle Elemente der Förderplanung. Er dient als Leitfaden für den Prozess der Förderplanung und der Dokumentation der Erhebungen bzw. gemeinsam vereinbarten Ziele und Maßnahmen (siehe **Abb. 8-5**). Eine Vorlage zur Übersicht der Förderplanung steht zum Download auf unserer Homepage für Sie bereit (Informationen finden Sie auf der letzten Seite in diesem Buch).

Vorgehen zur Erstellung des Förderplans

Gemeinsam mit dem Klienten wird festgelegt, welcher *Förderbereich* in den nächsten Monaten in den Fokus genommen wird. Als Förderbereiche sind – analog zum bayerischen Gesamtplanverfahren – möglich:

1. Aufnahme und Gestaltung persönlicher, sozialer Beziehungen
2. Selbstversorgung und Wohnen
3. Arbeit, arbeitsähnliche Tätigkeiten, Ausbildung
4. Tagesgestaltung, Freizeit und Teilhabe am gesellschaftlichen Leben
5. Umgang mit den Auswirkungen der Behinderung(en).

Für die Auswahl des Förderbereichs können verschiedene Kriterien maßgeblich sein, zum Beispiel:

- Welcher Bereich ist dem Klienten am wichtigsten?
- In welchem Bereich lässt sich vermutlich am einfachsten eine Veränderung erreichen?
- In welchem Bereich besteht der größte Leidensdruck?

Förderbereich ______________________________

Fernziel ______________________________

Rahmenziel ______________________________

Beschreibung der IST Situation im Förderbereich

Förderfaktoren nach ICF	**Aktivitäten/Teilhabe nach ICF**	**Barrieren nach ICF**
A) Person ______ ______ B) Umwelt ______ ______	______ ______ ______ ______ ______ ______	A) Person ______ ______ B) Umwelt ______ ______
Handlungsziele Was soll in 4 Monaten erreicht sein? ______ ______ ______ ______ ______ ______ ______	**Maßnahme** Wer macht was bis wann? ______ ______ ______ ______ ______ ______ ______	**Handlungsziele** Was wurde erreicht? Wie hilfreich waren die Maßnahmen? ______ ______ ______ ______ ______ ______ ______

Abbildung 8-5: Übersicht Förderplanung (eigene Grafik)

Selbstverständlich können auch mehrere Förderbereiche benannt werden. Sie werden dann auf getrennten Plänen dokumentiert. Allerdings sollte darauf geachtet werden, die Förderplanung nicht mit zu vielen Zielen und Vorhaben zu überfrachten.

Das *Fernziel* sowie die *Rahmenziele* werden aus dem aktuellen HEB-Bogen übernommen. Insbesondere wenn der Hilfeplan schon etwas älter ist, sollte an dieser Stelle gemeinsam mit dem Klienten reflektiert werden, ob die Ziele noch «gültig» sind. Veränderte Fern- oder Rahmenziele finden Eingang in den nächsten HEB-Bogen.

Die *Erhebung der IST-Situation* erfolgt auf Grundlage hinterlegter ICF-Itemlisten. Für jeden Teilbereich aus dem Gesamtplanverfahren wurde eine eigene Itemliste entwickelt. Umweltfaktoren und personenbezogene Faktoren sind ebenfalls mit Itemlisten hinterlegt, die jeweils sowohl als Förderfaktor oder Barriere gewertet werden können (vgl. hierzu Kapitel 8.5).

In der Regel bzw. nach Maßgabe der WHO ist die Situationserhebung anhand der Itemlisten Aufgabe des Fachpersonals. Die fachliche Einschätzung kann mit der Sichtweise des Klienten differieren. Aktuell ist kein Instrument zur Selbsteinschätzung durch den Klienten entwickelt; dies ist von der WHO nicht vorgesehen. Gleichwohl kann es den gemeinsamen Prozess der Hilfe- und Förderplanung bereichern, sich mithilfe der Itemlisten über Einschätzungen zu verständigen. Abweichende Einschätzungen können im Freitextfeld vermerkt werden.

Auf Grundlage der Rahmenziele und der Erhebung der IST-Situation überlegen Fachpersonal und Klient gemeinsam, welche Zwischenschritte (*Handlungsziele*) notwendig sind, um das Ziel zu erreichen, und welcher *Maßnahmen* es dafür bedarf.

Die vereinbarten Maßnahmen stellen den direkten Auftrag an den Klienten und an die Fachkraft dar und bestimmen somit den Betreuungsalltag. Im Sinne der Nachrangigkeit professioneller Hilfen gilt es an dieser Stelle sorgfältig zu prüfen, welche Unterstützung aus dem Umfeld des Klienten kommen könnte (z.B. durch Angehörige, Freunde, Selbsthilfe), und welche Maßnahmen der Klient selbst zur Zielerreichung unternimmt. Erst dann werden Maßnahmen benannt, die durch das Fachpersonal erbracht werden. Diese Maßnahmen werden regelmäßig in der klientenbezogenen Leistungsdokumentation und Verlaufsdokumentation festgehalten. So ist immer nachvollziehbar, was wann gemacht wurde, ob die Maßnahmen erfolgreich waren und oder ob etwas anderes geplant werden muss.

Spätestens nach dem Ablauf des vereinbarten Turnus der Förderplanung (z.B. vier Monate) findet eine *Reflexion der Handlungsziele und Maßnahmen* statt.

Je nach Ergebnis werden Handlungsziele und Maßnahmen fortgeführt, abgeändert oder neu formuliert. Dies bildet den Ausgangspunkt für die nächste Phase der Förderplanung.

Wird ein Hilfeplan im Rahmen des Gesamtplanverfahrens erstellt, so fließen die Ergebnisse der Förderplanung kumuliert dort ein.

8.5 – ICF-Itemlisten

Die Grundlage für die Situationsbeschreibung im Rahmen der Förderplanung bilden ICF-Itemlisten. Hiermit wird eine einheitliche Basis zur Erhebung der IST-Situation bereitgestellt.

Im Bereich der Hilfen für psychisch kranke Menschen wird am ehesten die Mini-ICF-App (vgl. Linden, Baron & Muschalla 2009) genutzt. Diese ist zwar aufgrund ihrer Kürze auf den ersten Blick sehr praktikabel und einfach zu handhaben. Für die Förderplanung sind die Items der Mini-ICF-App allerdings zu allgemein und zu wenig operationalisierbar (vgl. hierzu auch Diakonisches Werk der EKD e.V. 2009: 88). Hinzu kommt, dass die Mini-ICF-App nicht auf den Bereich der Alltagsbegleitung, sondern auf den klinischen Bereich fokussiert. So fehlen für den Bereich der sozialen Rehabilitation wichtige Items. Mittlerweile wurden einige wenige Itemlisten speziell für den Bereich der sozialen Rehabilitation für psychisch kranke Menschen erarbeitet.

Obwohl die ICF in ihrem bio-psycho-sozialen Modell die Relevanz personenbezogener Faktoren ausdrücklich hervorhebt, wurden für diesen Bereich bislang keine Items entwickelt. In Deutschland wurde 2010 von der AG ICF des Fachbereichs II der Deutschen Gesellschaft für Sozialmedizin und Prävention (DGSMP) eine Itemliste zu personenbezogenen Kontextfaktoren als Diskussionsentwurf vorgeschlagen (Grotkamp et al.: Gesundheitswesen 2010). Diese wird in verschiedenen ICF-Projekten genutzt.

Zu Beginn des Projekts «ICF-basierte Förderplanung» im **kbo-SPZ** ergab die Recherche, dass die bis dahin vorhandenen Core Sets nicht passend für die intendierte Förderplanung waren. Daher wurde entschieden, im Rahmen des Projekts eigene Itemlisten zu entwickeln. Hierfür nahm die Projektleitung zunächst an einer Schulung zur Nutzung der ICF im ambulanten sozialpsychiatrischen Bereich teil.

Die Entwicklung der Itemlisten im kbo-SPZ erfolgte induktiv entlang der Erfahrungen aus der Betreuungsarbeit mit den Klienten: Für jeden im Gesamtplan benannten Teilbereich wurden Items ausgewählt, die für die *Betreuungspraxis* relevant schienen. Die leitenden Fragen zur Auswahl der Items waren:

1. Woran arbeiten wir mit unseren Klienten?
2. Was sind die Hauptinhalte der Betreuung?

Zusätzlich zu den fünf Itemlisten analog der Förderbereiche des Gesamtplans wurde je eine Liste mit relevanten Umweltfaktoren und personenbezogenen Faktoren (Entwurf der AG ICF des Fachbereichs II der DGSMP) hinterlegt. Die dort aufgeführten Items können, je nach Kontext, als Barriere oder als Förderfaktor gewertet werden.

Insgesamt wurden 123 Items aus der 3. und 4. Ebene der ICF ausgewählt und in Itemlisten zusammengefasst (siehe **Tab. 8-1**).

Eine kleine Gruppe, bestehend aus fünf Mitarbeitenden verschiedener Bereiche, testete die Itemlisten hinsichtlich ihrer Passgenauigkeit und Anwendbarkeit. Nach anschließender Anpassung einiger Feinheiten wurden die Itemlisten verbindlich festgelegt.

Tabelle 8-1: Übersicht über ausgewählte Items

Itemlisten	Items Ebene 3	Items Ebene 4	Items gesamt
Itemliste Förderbereiche			
Soziale Beziehungen	6	10	16
Selbstversorgung/Wohnen	8	15	23
Arbeit/arbeitsähnliche Tätigkeiten	6	6	12
Tagesgestaltung/Freizeit	5	3	8
Umgang mit den Auswirkungen der Erkrankung	0	6	6
Gesamt	**25**	**40**	**65**
Itemliste Kontextfaktoren			
Personenbezogene Faktoren	34	0	34
Umweltfaktoren	23	1	24
Gesamt	**57**	**1**	**58**

Da die Itemlisten für die praktische Betreuungsarbeit und nicht etwa für Forschungszwecke genutzt werden, wurde eine Validierung, zum Beispiel mittels Delphi-Methode, bislang nicht vorgenommen. Dies ist jedoch zu einem späteren Zeitpunkt durchaus denkbar.

Jede Itemliste enthält ein zusätzliches Feld «Sonstige». Dort kann das Fachpersonal Items, die in der Liste nicht vorhanden, aber im Einzelfall relevant sind, in «eigener Sprache» eintragen; die Itemlisten sollen bei Bedarf nach einer ausgiebigen Erprobung in der Praxis angepasst werden.

Empfehlungen zu ICF-Itemlisten

- Im Sinne der ICF und der intendierten «gemeinsamen Sprache» ist es empfehlenswert, bereits vorhandene ICF-Itemlisten zu nutzen. Da aktuell in verschiedenen Bereichen ICF-Itemlisten entwickelt werden, empfiehlt sich eine ausführliche Recherche hierzu.
- Die Entwicklung eigener ICF-Itemlisten ist extrem zeitaufwändig. Zudem sind diese Listen zu Beginn nicht erprobt und möglicherweise nicht anschlussfähig an bereits vorhandene Instrumente. Prüfen Sie daher genau, ob die Entwicklung eigener ICF-Itemlisten wirklich notwendig ist, oder ob vorhandene Listen entsprechend ihrer Bedürfnisse genutzt bzw. angepasst werden können.

8.6 – Modul ICF-Itemlisten

Es gibt insgesamt sieben ICF-Itemlisten zu folgenden Bereichen:

1. Aufnahme und Gestaltung persönlicher, sozialer Bindungen
2. Selbstversorgung und Wohnen
3. Arbeit, arbeitsähnliche Tätigkeiten, Ausbildung
4. Tagesgestaltung, Freizeit und Teilhabe am gesellschaftlichen Leben
5. Umgang mit den Auswirkungen der Behinderung(en)
6. personenbezogene Faktoren (Entwurf der AG ICF des Fachbereichs II der DGSMP)
7. umweltbezogene Faktoren.

Items aus der Domäne «*Körperstruktur*» und «*Körperfunktion*» sind nicht in den Itemlisten enthalten. Da die Förderplanung ausschließlich im außerklinischen und außertherapeutischen Setting erfolgt, richtet sich das Augenmerk und das Unterstützungsangebot auf Alltagsbewältigung sowie Teilhabe am Leben in der Gesellschaft (soziale Rehabilitation). Die Förderplanung konzentriert sich demnach auf die Leistung im Alltag. Die Beurteilung der Körperstruktur und -funktion wird daher in der Förderplanung nicht miteinbezogen.

Bei allen Itemlisten besteht die Möglichkeit, Items, die im Einzelfall als wichtig erachtet, aber in der vorhandenen Liste «fehlen», in «eigener Sprache» zu ergänzen. Die Einträge werden zentral gesammelt und nach hinreichend erfolgter Praxiserprobung diskutiert. Sie sollen in die Überarbeitung der Listen einfließen.

> **Zitat aus der Evaluation:**
> *«Da finde ich es eben gut, dass man unter ‹Sonstiges› noch fakultativ etwas eingeben kann, wenn etwas [in der Core Set] fehlt, was ich als wichtig erachte oder was wichtig wird.»*

Aufbau der Itemlisten

Die *Itemlisten für die fünf Förderbereiche* enthalten:

- die Bewertung der Relevanz dieses Bereichs im Gesamten
- den ICF-Code
- die Überschrift des Items inklusive einer kurzen Erklärung aus der ICF
- eine Ratingskala, der eine von der WHO vorgegebene Erläuterung hinterlegt ist
- die Kategorie «Sonstige» zur Ergänzung wichtiger Items.

Die *Itemlisten zu den personenbezogenen und Umweltfaktoren* enthalten:

- den ICF-Code (nur Itemliste «Umweltbezogene Faktoren»)
- die Überschrift des Items inklusive einer kurzen Erklärung aus der ICF (nur Itemliste «Umweltbezogene Faktoren»)
- die Kategorie «Sonstige» zur Ergänzung wichtiger Items.

Exemplarischer Auszug aus einer Itemliste

Die Beschreibung der IST-Situation mithilfe der Itemlisten (siehe **Tab. 8-2**) erfordert anfangs einige Übung. Insbesondere die den jeweiligen Items hinterlegten Erklärungen und die Bewertung des Einschränkungsgrades wirken zunächst häufig «sperrig». Mit zunehmender Praxiserfahrung

Tabelle 8-2: Exemplarischer Auszug aus einer Itemliste

Itemliste für den Förderbereich Soziale Beziehungen

Relevanz
- ☐ keine (weiter mit 2.)
- ☐ mittel (weiter mit Erhebung)
- ☐ hoch (weiter mit Erhebung)

ICF-Code	Beschreibung nach ICF	Grad der Einschränkung				
d3503	**Sich mit einer Person unterhalten** Mit einer Person einen Dialog oder einen Gedankenaustausch zu initiieren, aufrecht zu erhalten, zu gestalten und zu beenden, wie mit einem Freund über das Wetter zu sprechen.	0	1	2	3	4
d3504	**Eine Unterhaltung mit mehreren Personen führen** Mit mehr als einer Person einen Dialog oder einen Gedankenaustausch zu initiieren, aufrecht zu erhalten, zu gestalten und zu beenden, wie eine Gruppenunterhaltung zu beginnen und sich daran beteiligen.	0	1	2	3	4
d7202	**Verhalten in Beziehungen regulieren** In einer kontextuell und sozial angemessenen Weise Gefühle und Impulse, verbale und physische Aggressionen zu regulieren.	0	1	2	3	4
d7203	**Sozialen Regeln gemäß interagieren** In sozialen Interaktionen unabhängig zu handeln und sich nach den sozialen Konventionen, die die eigene Rolle, Stellung oder einen anderen sozialen Status bei Interaktionen mit anderen bestimmen, zu richten.	0	1	2	3	4
d7204	**Sozialen Abstand wahren** In einer kontextuell, sozial und kulturell angemessenen Weise sich über den Abstand zwischen sich und anderen bewusst zu sein und diesen zu wahren.	0	1	2	3	4
	Sonstige Bitte in eigenen Worten beschreiben.	0	1	2	3	4

und vor allem durch intensiven multidisziplinären Austausch (insbesondere bzgl. der Bewertungen) fällt die Nutzung der Itemlisten zunehmend leichter.

Die vollständigen Itemlisten stehen für Sie als Arbeitsgrundlagen auf unserer Homepage zum Download bereit (Informationen finden Sie auf der letzten Seite in diesem Buch).

8.7 – Testung der Grundlagen der Instrumente und Verfahren

Die entwickelten Instrumente und Verfahren zur ICF-basierte Förderplanung sollten vor dem flächendeckenden Einsatz auf Praxistauglichkeit geprüft werden. Hierzu kann beispielsweise eine Testgruppe eingerichtet werden, die über einen festgelegten Zeitraum die Förderplanung in der Betreuungsarbeit einsetzt.

Die Ergebnisse des Praxistests sollen systematisch gebündelt und gemeinsam mit der Testgruppe diskutiert werden. Am Ende der Testphase steht die Entscheidung, ob und welche Änderungen an den Instrumenten und am Verfahren vorgenommen werden müssen, aber auch ob bestimmte Inhalte für die anschließende Mitarbeiter-Schulung besonders wichtig sind.

Da die Mitglieder der Testgruppe in der Handhabung der Förderplanung intensiv unterstützt werden, kommt ihnen bei der späteren flächendeckenden Einführung die Rolle von Experten bzw. Multiplikatoren zu.

Im **kbo-SPZ** wurden die Instrumente und Verfahren von den Teilnehmern der Projektbegleitungsgruppe über einen Zeitraum von vier Monaten getestet. Die teilnehmenden Personen erhielten eine Grundschulung zur Handhabung der Förderplanung und wurden während der gesamten Testphase unterstützt.

Die Rückmeldungen wurden über die regelmäßigen Treffen der Begleitgruppe systematisch erfasst und gebündelt. Insgesamt mussten nur wenige Änderungen am Instrument vorgenommen werden. Als hauptsächliche Herausforderung bei der Nutzung der Förderplanung stellte sich die Arbeit mit den Itemlisten heraus.

Auf Basis der Rückmeldungen aus der Testgruppe wurde ein Leitfaden zur ICF-basierten Förderplanung erstellt.

Empfehlungen zur Testgruppe

- Es bietet sich an, die Projektbegleitgruppe mit der Testung der Förderplanung zu beauftragen.
- Stellen Sie sicher, dass alle beteiligten Bereiche über die Teilnehmer der Testgruppe vertreten sind. Achten Sie auch darauf, dass die Gruppe nicht zu groß wird, um arbeitsfähig zu bleiben.
- Die Mitglieder der Testgruppe können bei der späteren flächendeckenden Einführung der ICF-basierten Förderplanung als Multiplikatoren eingesetzt werden.

8.8 – Flächendeckende Einführung der ICF-basierten Förderplanung

Wir verstehen die ICF-basierte Förderplanung als dialogisches Verfahren zur Unterstützung im Betreuungsprozess. Sie verfolgt insbesondere das Ziel der Stärkung von Autonomie und Selbstbestimmung der Klienten und erfolgt auf der Basis einer wertschätzenden, respektvollen und partnerschaftlichen Begegnung.

Die wohl wichtigste Voraussetzung für eine in diesem Sinne erfolgreiche flächendeckende Einführung der Förderplanung ist, ein *gemeinsames Verständnis* mit dem betreuenden Fachpersonal hierzu zu *erarbeiten*. Neben der Vermittlung von Hintergrundwissen ist insbesondere die Schaffung von Austausch- und Diskussionsmöglichkeiten, auch zur kritischen Auseinandersetzung relevant.

Des Weiteren muss für alle Beteiligten klar sein, ab wann die Förderplanung verbindlich ist, in welchem Turnus sie erstellt werden soll, und wer für die Durchführung verantwortlich ist. Die Förderplanung ist ab dem fest gelegten Zeitpunkt in das QM der Einrichtung integriert.

Ein zentraler Teil der flächendeckenden Einführung sind Mitarbeiter-Schulungen (s. Kapitel 8.9), in denen Grundlagenwissen und praktisches Know-how vermittelt wird.

Bei der Aufnahme der Förderplanung in den Regelbetrieb sollten allen Mitarbeitenden Ansprechpartner für Rückfragen und Unterstützung in der Umsetzung zur Seite gestellt werden. Damit die ICF-basierte Förderplanung zum «lebendigen Verfahren» wird, sollten allen Mitarbeitenden Möglichkeiten zum Feedback und für Verbesserungsvorschläge offen stehen.

Die flächendeckende Einführung der Förderplanung inklusive der Rahmenbedingungen für die oben genannten Anforderungen sollten von der Projektsteuerungsgruppe verbindlich festgelegt werden.

Im **kbo-SPZ** wurde festgelegt, dass die Förderplanung für alle Bereiche der einzelfallfinanzierten sozialen Rehabilitation verbindlich angewendet wird. In Ergänzung zum bzw. zur Konkretisierung des Gesamtplans wird die Förderplanung in einem Turnus von vier Monaten durchgeführt.

Die Mitarbeitenden wurden innerhalb weniger Monate in mehreren Schritten von externen und internen Referenten geschult und erhielten entsprechende Ansprechpartner sowie die Möglichkeiten, an Übungsworkshops teilzunehmen.

Regelmäßige Rückmeldungen zum Umsetzungsstand in den Fachbereichen sowie zu Schwierigkeiten oder offenen Fragen und Schulungsbedarf erfolgen in den Teamsitzungen. Sie werden durch die Ansprechpartner gebündelt in die Projektbegleitungsgruppe eingebracht.

Die Verantwortung für die Gewährleistung der Durchführung der ICF-basierten Förderplanung liegt bei den Bereichsleitungen. Im Projektverlauf zeigte sich, dass es äußerst wichtig ist, diese möglichst früh und ausführlich in die Planung mit einzubeziehen und in die Verantwortung zu nehmen.

Empfehlungen zur flächendeckenden Einführung der ICF-basierten Förderplanung

- Schaffen Sie Möglichkeiten des Austausches mit allen Mitarbeitenden zur Entwicklung eines gemeinsamen Grundverständnisses der ICF-basierten Förderplanung.
- Schaffen Sie Klarheit, ab wann die Förderplanung verbindlich ist, in welchem Turnus sie erfolgen soll und wer hierfür verantwortlich ist.
- Stellen Sie sicher, dass die Mitarbeitenden praktische Unterstützung, zum Beispiel durch Ansprechpartner/Multiplikatoren, aus dem Team haben.
- Schaffen Sie Möglichkeiten für Feedback und Verbesserungsvorschläge.
- Beziehen Sie die Führungskräfte mit ein – sie sollten sich in der Umsetzungsphase «offensiv» zum Nutzen des Projekts «bekennen», um alle Mitarbeiter zu überzeugen.

8.9 – Mitarbeiter-Schulungen und Workshops

Entsprechend der oben skizzierten Anforderungen sind vor der flächendeckenden Einführung der ICF-basierten Förderplanung sowie in den ersten Monaten der Umsetzung begleitend Mitarbeiter-Schulungen mit unterschiedlichen Schwerpunktsetzungen notwendig:

- Einführung in die Thematik – Grundverständnis ICF
- Einführung in die Systematik der Förderplanung
- Übungsmöglichkeiten – Workshops mit Praxisbeispielen.

Die entsprechenden Schulungen sollten zeitnah zueinander erfolgen. Unserer Erfahrung nach empfiehlt es sich allerdings, die Schulungen auf einzelne Termine aufzuteilen, um den Mitarbeitenden Zeit zu geben, das Neue zu durchdenken und den Bezug zur Praxis herzustellen.

Im **kbo-SPZ** wurden die Schulungen in einem Zeitraum von zwei Monaten durchgeführt. Die Workshops wurden noch weitere zwei Monate aktiv angeboten.

Für die Grundlagenschulung zur ICF wurde ein externer Referent beauftragt, der über fundierte Erfahrungen mit der praktischen Nutzung der ICF verfügt sowie nationale und internationale Hintergründe und Entwicklungen zur ICF überblickt.

Die Schulung der Grundlagen der Förderplanung mit Praxisbeispielen erfolgte durch interne Referenten aus dem kbo-SPZ, die am Projekt beteiligt waren.

Eine Besonderheit im kbo-SPZ ist, dass die Förderplanung in eine einrichtungsinterne Datenbank integriert wurde. Hieraus ergab sich ein weiterer spezifischer Schulungsbedarf zur Handhabung der Datenbank. Es wurden entsprechende Anwender-Workshops in kleinen Gruppen durchgeführt.

Begleitend zur Umsetzung in der Praxis werden Übungsgruppen durch die Projektleitung und die Multiplikatoren angeboten, in denen anhand von Einzelfällen konkret auftretende Fragen geklärt werden können. Begleitend zu den Schulungen wurde ein Leitfaden zur ICF-basierten Förderplanung erstellt, der den Mitarbeitenden konkrete Unterstützung bei der Umsetzung bietet.

Empfehlungen zur Implementierung des Instruments zur ICF-basierten Förderplanung

- Planen Sie die Schulungen zeitlich nah beieinander liegend, um den Transfer der neuen Inputs in die Praxis zu gewährleisten.
- Nutzen Sie Praxisbeispiele.

8.10 – Tools für Mitarbeiter-Schulungen und Workshops

Grundschulung zur ICF

Die Grundlagenschulung zur ICF ist im Wesentlichen eine Informationsveranstaltung. Ziel ist es, den Mitarbeitenden einen Einblick in die Hintergründe und die aktuelle Relevanz der ICF zu geben, vor allem aber deren Bedeutung für die Arbeit mit psychisch kranken Menschen zu vermitteln.

Dementsprechend beinhaltet die Grundschulung einen kurzen Abriss über die Hintergründe zur Entwicklung der ICF sowie einen Überblick über aktuelle Aktivitäten und Projekte. Kernstück der Grundlagenschulung sind die Konzepte der ICF (vgl. Kapitel 4) und deren Bedeutung für die Hilfeplanung mit psychisch kranken Menschen. Exemplarisch werden Itemlisten dargestellt. Über Praxisbeispiele werden die Philosophie der ICF sowie die konkrete Herangehensweise vermittelt.

Sofern keine «ICF-Experten» im Unternehmen beschäftigt sind, empfiehlt es sich, für diese Grundlagenschulung auf entsprechend erfahrende externe Referenten zurückzugreifen.

Erfahrungsgemäß beansprucht die Grundlagenschulung zur ICF ca. einen halben Tag. Die Schulungsunterlagen sollten allen Mitarbeitenden zur Verfügung gestellt werden.

Sehr gute Materialien für die Grundlagenschulung wurden von Mitarbeitern der Herzogsägmühle erarbeitet. Ein Beispiel dafür findet sich im Internet unter: http://www.kreis-herford.de/media/custom/393_2361_1.PDF (Stand der Recherche: 05.07.2014).

Grundschulung zur ICF-basierten Förderplanung

Die Grundlagenschulung zur ICF-basierten Förderplanung baut auf der Grundlagenschulung zur ICF auf.

Ziel dieser Schulung ist, dass alle Mitarbeitenden eine konkrete Vorstellung der ICF-basierten Förderplanung haben, die zukünftig im Unternehmen eingesetzt werden soll. Nach der Schulung sollten das Grundprinzip sowie das Vorgehen bei der Förderplanung bekannt sein, so dass das Fachpersonal in der Lage ist, diese umzusetzen. Ziel ist auch, den Mitarbeitenden den Sinn dieser Neuerung zu vermitteln, also die Frage zu beantworten, warum eine Förderplanung überhaupt notwendig und sinnvoll ist.

Die Schulung ist in drei Teile untergliedert:

1. theoretische Vermittlung der Grundlagen zur ICF-basierten Förderplanung inklusive des Verfahrens
2. Konkretisierung und Verdeutlichung der ICF-basierten Förderplanung anhand eines Praxisbeispiels
3. Bearbeitung eines eigenen Beispiels und Klärung auftretender Fragen.

Im Nachgang der Schulung wird allen Mitarbeitenden ein Leitfaden zur ICF-basierten Förderplanung zur Verfügung gestellt.

Die Präsentation zur Grundlagenschulung «ICF-basierte Förderplanung» steht für Sie als Arbeitsgrundlage auf unserer Homepage zum Download bereit (Informationen finden Sie auf der letzten Seite in diesem Buch).

Anwender-Workshops

Begleitend zur Umsetzung der ICF-basierten Förderplanung in der Praxis werden in jedem Team Anwender-Workshops angeboten. Diese werden von den benannten Multiplikatoren (Teilnehmer der Projektbegleitungsgruppe) moderiert und geleitet.

Das Ziel der Anwender-Workshops ist, den Mitarbeitenden Sicherheit in der Umsetzung der ICF-basierten Förderplanung zu vermitteln.

Von den einzelnen Mitarbeitenden werden Fälle eingebracht, anhand derer die Förderplanung konkret durchgearbeitet wird. Der Multiplikator steht dabei als Experte zur Verfügung. So können Unsicherheiten und Fragen geklärt und erste Förderpläne abgeschlossen werden. Bei Bedarf können hier auch Grundlagen wiederholt werden.

Für die Anwender-Workshops können die Arbeitsmaterialien der Grundlagenschulung genutzt werden. Zur Bearbeitung der Fallbeispiele werden die Instrumente der Förderplanung genutzt.

8.11 – Tool Leitfaden/Infomaterial

Der Leitfaden zur ICF-basierten Förderplanung wird nach der Grundlagenschulung zur Förderplanung allen Mitarbeitenden zur Verfügung gestellt.

Der Leitfaden dient der Unterstützung des Fachpersonals bei der Umsetzung der Förderplanung. Er schafft damit eine Verbindlichkeit und Transparenz innerhalb des Unternehmens, aber auch gegenüber den Klienten, denen der Leitfaden selbstverständlich ausgehändigt werden kann.

Inhalte des Leitfadens sind

- Skizzierung des Hintergrunds der Förderplanung – warum ist diese notwendig? In welchem Kontext steht sie? Wie ist die Anschlussfähigkeit zum Gesamtplan?
- Beschreibung des Gesamtprozesses der ICF-basierten Förderplanung
- anschauliche Beschreibung der wichtigsten Schritte.

Anforderungen: Der Leitfaden

- bietet einen Überblick und bildet den Prozess der Förderplanung ab.
- schafft Klarheit und Verbindlichkeit durch knappe, verständliche Beschreibungen und eine klare Strukturierung.
- konkretisiert die Förderplanung durch Beispiele und Leitfragen.

Der Leitfaden zur ICF-basierten Förderplanung steht für Sie als Arbeitsgrundlage auf unserer Homepage zum Download bereit (Informationen finden Sie auf der letzten Seite in diesem Buch).

9 – Nachprojektphase und Sicherung der Nachhaltigkeit

Im Rahmen der Nachprojektphase wird das Projekt «ICF-basierte Förderplanung» formal beendet (siehe **Abb. 9-1**). Es wird ein Abschlussbericht erstellt, dessen Umfang sich nach den Erfordernissen des Unternehmens richtet. Er kann zum Beispiel nur die wesentliche Zielsetzung, das Ergebnis sowie ggf. weitere Empfehlungen beinhalten.

Der Projektabschluss beinhaltet auch die Auflösung der Projektgruppen und die Festlegung zukünftiger Verantwortlichkeiten.

Unabhängig vom Aufwand sollte in jedem Fall eine offizielle Beendigung des Projekts erfolgen, um allen Beteiligten zu signalisieren, dass die ICF-basierte Förderplanung damit in den Regelbetrieb integriert ist.

Gleichwohl bedeutet der Projektabschluss nicht, dass die ICF-basierte Förderplanung von nun an unveränderbar in die Praxis integriert ist. Zu bedenken ist, dass Unternehmen dynamisch sind, neue Mitarbeitende hinzukommen, evtl. erfahrene Mitarbeitende ausscheiden, neue Angebote entwickelt werden, neue «externe» Anforderungen (z. B. seitens der Leistungsträger) gestellt werden etc.

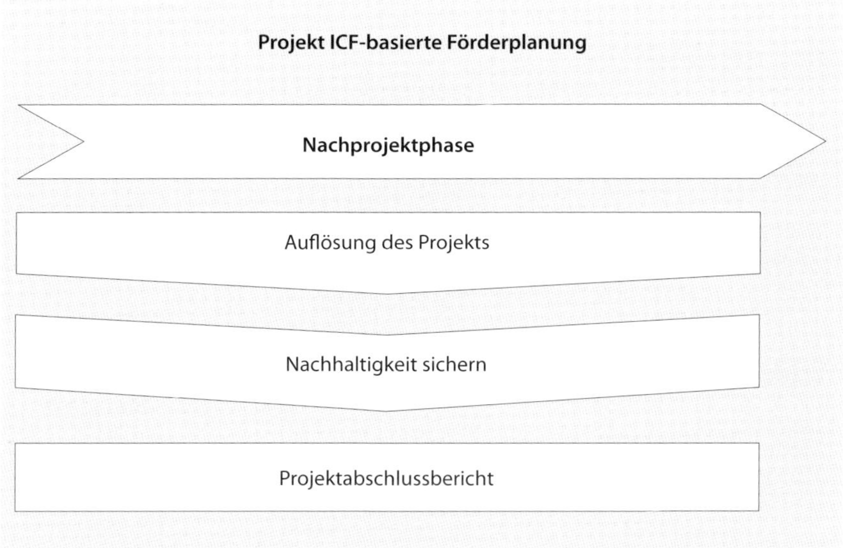

Abbildung 9-1: Nachprojektphase

Unter diesen Voraussetzungen ist es wichtig, die ICF-basierte Förderplanung dynamisch an die verschiedenen Anforderungen anzupassen. Im Sinne eines kontinuierlichen Verbesserungsprozesses (der im Allgemeinen für alle Prozesse und Instrumente gelten sollte) geht es im Regelbetrieb darum, die ICF-basierte Förderplanung immer wieder hinsichtlich ihres Nutzens und der Praxistauglichkeit zu überprüfen und bei Bedarf weiterzuentwickeln. Erfahrungen haben gezeigt, dass hierfür das spezifische Wissen ehemaliger Projektteammitglieder von großem Nutzen ist.

Im **kbo-SPZ** wurde das zweijährige Projekt «ICF-basierte Förderplanung» mit einem Abschlussbericht beendet. Dieser beinhaltete neben den Zielen, dem Verlauf und dem Ergebnis des Projekts auch Empfehlungen zum weiteren Vorgehen.

So wurde die Projektbegleitungsgruppe beispielsweise in einen Qualitätszirkel überführt, der sich in Abständen von ca. zwei Monaten trifft und die Umsetzung der ICF-basierten Förderplanung weiterhin begleitet. Dort werden auftretende Fragestellungen, Probleme und Verbesserungsideen gebündelt und entsprechende Vorschläge erarbeitet. Zudem werden für neue Mitarbeitende weiterhin Schulungen angeboten, und die Mitglieder des Qualitätszirkels haben weiterhin die Funktion von Multiplikatoren in ihren Teams.

Das oben skizzierte Vorgehen zur Sicherung der Nachhaltigkeit wird im Qualitätsmanagement häufig über das Instrument des **Kontinuierlichen Verbesserungsprozesses** gefasst (siehe **Abb. 9-2**). Der Grundgedanke ist einfach: Einmal erreichte Ergebnisse (Verfahren, Prozesse, Dokumente) sind nicht «für immer» gültig, da sich Rahmenbedingungen, interne und externe Anforderungen etc. ändern. Somit muss einmal Erreichtes immer wieder überprüft sowie ggf. verbessert und angepasst werden (vgl. Pietsch, B.; Perleth, M.; Schwartz, W. 2010: 333).

Bezogen auf die ICF-basierte Förderplanung bedeutet dies, das Verfahren und die Instrumente hinsichtlich der zugrunde liegenden Zielsetzung (dialogisches Verfahren zur Unterstützung des Betreuungsprozesses, Förderung von Selbstbestimmung unter Berücksichtigung der ganzheitlichen Lebenssituation eines Klienten etc.) und der Praxistauglichkeit in regelmäßigen Abständen zu überprüfen. Für neue Mitarbeitende sind Schulungen und Unterstützung durch erfahrene Kollegen anzubieten. Rückmeldungen aller Mitarbeitenden (und Klienten) sollen gebündelt, aufbereitet und diskutiert werden. Daraus werden konkrete Verbesserungen abgeleitet und umgesetzt.

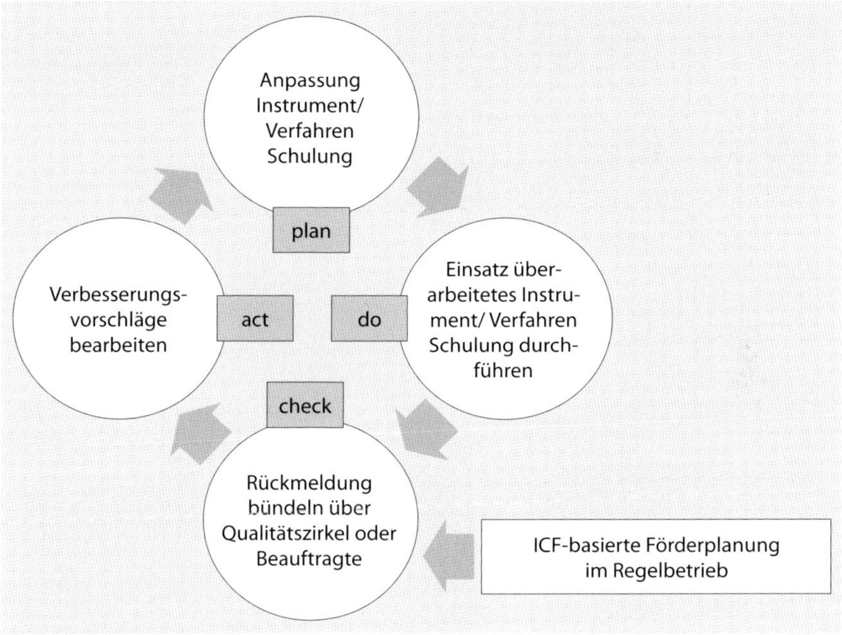

Abbildung 9-2: Der PDCA-Kreislauf (eigene Grafik)

Wichtig in diesem Zusammenhang ist, eine Balance zwischen hinreichender Erprobung, Sicherheit in der Handhabung und Veränderung zu halten.

Empfehlungen zur Nachprojektphase

- Schließen Sie das Projekt «ICF-basierte Förderplanung» in jedem Fall formal ab, auch um allen Beteiligten zu signalisieren, dass die Integration in den Regelbetrieb damit beginnt.
- Passen Sie den Umfang des Abschlussberichts den Erfordernissen Ihres Unternehmens an.
- Legen Sie fest, wer für die Umsetzung der ICF-basierten Förderplanung im Regelbetrieb verantwortlich ist.
- Sorgen Sie im Sinne eines kontinuierlichen Verbesserungsprozesses dafür, dass die ICF-basierte Förderplanung ein «lebendiges» Verfahren im Sinne der ursprünglichen Zielsetzung bleibt.

Teil III – Projektevaluation

Größere komplexe Projekte wie die Einführung eines neuen Förderplaninstrumentes bedingen in Einrichtungen eine Dynamik unter den Mitarbeitenden, die nicht zu unterschätzen ist.

Die Qualität der Förderplanung hängt insbesondere davon ab, wie sie vom Fachpersonal umgesetzt wird. Wird die Förderplanung lediglich als weitere bürokratische zu erfüllende Pflicht oder als für die Betreuung hilfreiche Unterstützung verstanden? Wird von den Mitarbeitenden lediglich das «Instrument» an sich umgesetzt? Wurden die zugrunde liegenden Haltungen verstanden und geteilt? Ist das Instrument an sich im Arbeitsalltag praktikabel?

Solche Fragen sind wesentlich für den Erfolg der Implementierung der ICF-basierten Förderplanung. In der projektbegleitenden (und anschließend weiter geführten) Projektbegleitungsgruppe wurden diese Themen diskutiert.

Es ist daher zu überlegen, ob eine interne oder externe Evaluation des Projekts «ICF-basierte Förderplanung» vorgenommen werden kann und muss. Dies hängt von den Rahmenbedingungen der jeweiligen Einrichtung (z.B. Größe), den zur Verfügung stehenden Ressourcen sowie vom Entwicklungs- und Informationsstand der Mitarbeiter zur Förderplanung und ICF ab.

Im **kbo-SPZ** haben wir uns für eine intern durchgeführte qualitativ angelegte Evaluation entschieden, um die Erfahrungen und Bewertungen systematischer zu erfassen und daraus auch eventuell Korrekturen am Instrument und am Verfahren vornehmen zu können.

Wir folgen darin auch einer Empfehlung des Deutschen Vereins für öffentliche und private Fürsorge e.V. (2009: 14 f.): «Eine Evaluation der individuellen Leistungen auf Verfahrensebene (Einsatz sinnvoller Instrumente, Qualität des Verfahrens) ist [...] wünschenswert, um eine notwendige Weiterentwicklung der Instrumente und Verfahren zu erkennen und weitere, differenzierte Kriterien für die Qualität der Instrumente und Verfahren der Bedarfsermittlung und Hilfeplanung zu entwickeln.»

Empfehlung zur Durchführung einer einrichtungsinternen Evaluation

- Prüfen Sie, inwiefern eine eigenständige Evaluation des Projekts «ICF-basierte Förderplanung» sinnvoll und möglich ist. Nehmen Sie hierzu eine Kosten-Nutzen-Abwägung vor.

10 – Die Durchführung der Evaluation

Ausgehend von den Zielen, die mit der Einführung einer ICF-basierten Förderplanung verbunden waren, wurde eine interne Evaluation vorgenommen.

Hiermit sollte eine systematische Bewertung des Projekts einerseits und des Instruments ICF-basierte Förderplanung andererseits vorgenommen werden.

Als ermittelndes Verfahren für die Evaluation wählten wir eine qualitative Methode – die Gruppendiskussion.

Grund hierfür war das Anliegen, die Meinungen und Einstellungen der Mitarbeitenden diskursiv und somit möglichst «tief» im Sinne eines hermeneutischen Verstehens zu erfassen.

Insbesondere aus zeit- und ressourcenökonomischen Erwägungen haben wir uns für die Methode der Gruppendiskussion entschieden (Zielführend wären hier z.B. auch qualitative Interviews mit den beteiligten Personen gewesen). Weitere Informationen zur Durchführung der Evaluation sind in der Anlage «Evaluationsdesign Gruppendiskussion» (im Download) zusammengefasst.

Es wurden zwei Gruppendiskussionen durchgeführt:

1. Termin September 2013: drei Monate nach Einführung der Förderplanung
2. Termin Dezember 2013: sechs Monate nach Einführung der Förderplanung.

Wir wollten wissen, wie die Förderplanung von den beteiligten Mitarbeitenden (in den jeweiligen Projektphasen) bewertet wird. Entsprechend der mit der Einführung verbundenen Erwartungen waren damit insbesondere folgende Teilfragen verbunden:

- Unterstützt die Förderplanung eine bestimmte Haltung gegenüber Klienten (Ressourcenorientierung, Fokus auf Umweltbedingungen etc.)?
- Unterstützt die Förderplanung die Entwicklung neuer Sichtweisen/erweiterter Perspektiven hinsichtlich der Fähigkeiten/Einschränkungen des Klienten und der Unterstützungsmöglichkeiten und Grenzen?

- Trägt die Förderplanung zu einer besseren Verständigung des Fachpersonals untereinander bei (ICF >> gemeinsame Sprache)?
- Erhöht die Förderplanung die Transparenz der Hilfeplanung und Erbringung (gegenüber Klienten, Kollegen, Kostenträgern ...)?
- Verändert die Förderplanung die Praxis der Hilfeerbringung?

Das Erkenntnisinteresse der Evaluation lag schwerpunktmäßig in der Frage, ob und inwiefern sich die Meinungen und Haltungen der Teilnehmerinnen und Teilnehmer über den Projektverlauf verändern. Dementsprechend wurden methodisch als «roter Faden» drei thematische Schwerpunkte verfolgt:

- (mögliche oder erlebte) Vorteile der Förderplanung
- (mögliche oder erlebte) Nachteile der Förderplanung
- Verbesserungsmöglichkeiten der Förderplanung.

Die Gruppendiskussionen wurden aufgezeichnet, transkribiert und in Anlehnung an die strukturierte qualitative Inhaltsanalyse nach Mayring ausgewertet (weitere Informationen zum Evaluationsdesign der Gruppendiskussion stehen für Sie auf unserer Homepage zum Download bereit; siehe die letzte Seite in diesem Buch).

11 – Ergebnisse der Projektevaluation

Bei der Auswertung der Gruppendiskussionen können keine signifikanten Unterschiede zwischen den Berufsgruppen und den Einsatzbereichen festgestellt werden.

Lediglich die Einschätzungen aus einem Bereich stechen etwas hervor, da die Förderplanung hier deutlich kritischer gesehen wird als in den anderen Bereichen. Die Förderplanung wird dort eher als «notwendiges Übel» und weniger als hilfreiches Arbeitsmittel bewertet. In den anderen Bereichen überwiegen die Vorteile und die Förderplanung wird mehrheitlich als Bereicherung gesehen.

Die Ergebnisse der beiden Gruppendiskussionen ähneln sich weitgehend. Auffällig ist, dass im Rahmen der zweiten Gruppendiskussion mehrfach Exkurse zu Grundlagen der Arbeit mit psychisch kranken Menschen und der Arbeitshaltung an sich stattfanden. Es hat den Eindruck, dass die Auseinandersetzung mit der Förderplanung und dem Umgang damit auch die Mitarbeiter dazu anregt, ihre eigene Arbeitsweise zu hinterfragen, und dass sie eine Grundlage für eine solche Diskussion liefern kann.

Nachfolgend werden ausgewählte Ergebnisse der Evaluation vorgestellt, die uns besonders relevant und hilfreich für andere Unternehmen, die eine ICF-basierte Förderplanung einführen wollen, erscheinen.

11.1 – Anfänglicher Mehraufwand durch neues Verfahren und neue Instrumente

Zunächst erleben die Mitarbeitenden die neu eingeführte Förderplanung überwiegend als erhöhten Arbeitsaufwand, während mögliche Vorteile noch nicht unmittelbar konkret erfahrbar sind. Sowohl der veränderte Prozess der Hilfeplanung als auch die neuen Instrumente bedürfen zunächst einiger Übung.

Dieses Ergebnis der Evaluation deckt sich mit Erfahrungen anderer Einrichtungen, die die ICF eingeführt haben. Diese berichten, dass es ca. ein halbes Jahr dauert, bis der Umgang mit den Items einigermaßen sicher ist.

Auch der mögliche Vorteil, auf der Basis der Förderplanung einen besser fundierten Gesamtplan erstellen zu können, ist erst nach ein bis zwei Jahren konkret erlebbar. Somit wurde zu Beginn der Einführung die «Doppelläufigkeit» von Gesamtplan und Förderplanung kritisiert.

Eine Besonderheit im kbo-SPZ war, dass die Einführung der ICF-basierten Förderplanung ein Projekt von mehreren war. Besonders im Bereich des ambulant betreuten Wohnens fanden in den letzten Jahren wesentliche Veränderungen und Neuerungen statt. Zudem waren alle Mitarbeitenden in die parallele Einführung einer neuen Datenbank involviert. Teilweise erlebten die Mitarbeitenden diese Vielzahl an Veränderungen als große Herausforderung, mitunter wurde eine Überlastung befürchtet.

Zitat aus der Evaluation:
«Wahrscheinlich liegt das auch ein bisschen daran, dass gleichzeitig zur Förderplanung die neue Datenbank kam. Dadurch habe ich schon Angst, dass das irgendwann zur Überforderung wird, weil ständig neue Baustellen waren, die noch nicht wirklich integriert waren und die Geschwindigkeit, in der das alles kam, war zu schnell. [...] Das ist jetzt kein direkter Nachteil der ICF oder der Förderplanung, aber ich empfinde es in der WG derzeit als Belastung.»

Bereits sechs Monate nach Start der Förderplanung zeigt sich eine größere Sicherheit der Mitarbeitenden in der Umsetzung der Förderplanung: Die Grundlagen und das Vorgehen sind klarer, und auch die Handhabung der Instrumente geht leichter von der Hand. Durch diese Sicherheit gelingt es dem Fachpersonal zunehmend, sich auf die Inhalte der Förderplanung zu konzentrieren.

Zitat aus der Evaluation:
«Eine häufige Anwendung führt dazu, dass es schneller und routinierter von der Hand geht. Die ersten paar Wochen ist [das Erstellen der Förderplanung] noch mit viel Nachlesen verbunden und Fragen wie: ‹Wie war das noch mal?› Aber jetzt, nach knapp einem halben Jahr, geht das flotter und routinierter von der Hand.

11.2 – Strukturierung der Arbeit

Die am häufigsten thematisierten Vorteile der ICF-basierten Förderplanung beziehen sich auf die bessere Strukturierung der Arbeit, die dadurch möglich ist.

Struktur im Kontakt mit den Klienten

Die Förderplanung wird als guter Rahmen zur strukturierten partnerschaftlichen Betreuungsarbeit erlebt. Die klaren Vorgaben der Förderplanung ermöglichen einen regelmäßigen und zielgerichteten Kontakt zu allen Klienten. Auch Klienten, die nicht aktiv Gespräche einfordern und eher im Hintergrund bleiben, erleben durch die Vorgaben der Förderplanung regelmäßige Einzelkontakte, bei denen es nur um sie und ihre Ziele geht. Diese «Vorgabe von außen» kann dafür sorgen, dass keiner aus den Augen verloren wird, und sie gibt der Betreuung einen zusätzlichen festen Rahmen, an dem sich der Klient und auch die Fachkraft orientieren können.

Verbindliche Vereinbarungen, wann welche Themen besprochen und vertieft werden, bedeuten eine deutlich verbesserte Struktur im Allgemeinen und im alltäglichen Kontakt mit den Klienten. Woran in welcher Zeit wie gearbeitet wird und warum, wird gezielt festgelegt und regelmäßig überprüft. Ein genaueres Hinsehen wird unterstützt.

Zitat aus der Evaluation:
«Für mich ist es immer noch ein Instrument, mit manchen Klienten regelmäßig in Kontakt zu treten und wirklich strukturiert was zu erarbeiten. Die Förderplanung hilft wirklich, regelmäßig Einzelgespräche zu haben, zu notieren, was Stärken und Schwächen sind und woran wir gerade arbeiten.»

Von grober Planung zu kleinen Schritten

Anhand der Förderplanung setzen sich Klient und Fachkraft gemeinsam mit der aktuellen Situation, den angestrebten Zielen und dem weiteren Vorgehen auseinander. Dadurch wird die Grobplanung des Gesamtplans konkret und handhabbar.

Das Herunterbrechen grober Ziele in «alltagstaugliche» Schritte macht die Betreuungsarbeit für die Fachkraft und den Klienten klarer. Gerade in Fällen, in denen viel zu tun ist, hilft die Förderplanung dabei, zu verdeutlichen, woran im Moment gearbeitet wird und warum. Diese Kleinteiligkeit erhöht die Transparenz.

Zitate aus der Evaluation:
«Es war vorher diffuser. Gerade durch die kleineren Ziele entstehen für mich die Vorteile.»
«So hat man jetzt die Möglichkeit, dass man sich auf das ‹Große› hin bewegt, aber in kleinen Schritten, das finde ich schon sehr gut.»

Klarer Arbeitsauftrag

Durch die systematische Erfassung der aktuellen Situation mit darauf basierender Ableitung von kleinschrittigen Zielen und Maßnahmen treten Unterstützungsbedarfe deutlicher zutage. Dies bildet die Basis für einen klaren Arbeitsauftrag an die Fachkraft. Durch diese Systematik wird beispielsweise auch deutlich, ob der Unterstützungsbedarf überhaupt in die Zuständigkeit der sozialen Rehabilitation fällt oder ob überhaupt noch ein Auftrag an das Fachpersonal vorhanden ist.

Zitat aus der Evaluation:
«Es wird [durch die Förderplanung] konkreter, fassbarer. Wir haben einen anderen Auftrag – also wir haben dadurch überhaupt einen konkreten Auftrag.»

11.3 – Gesamtbetrachtung vs. Blickverengung

Die Systematik der ICF-basierten Förderplanung – Erfassung der aktuellen Teilhabeschwierigkeiten, der Förderfaktoren und Barrieren über Itemlisten, Ableitung von Zielen und Maßnahmen – stellt einerseits eine Gesamtbetrachtung der Situation unter bio-psycho-sozialen Aspekten sicher. Einzelne Teilhabebereiche können fokussiert und vertieft betrachtet werden, ohne dabei den «Blick auf das Gesamte zu verlieren».

Andererseits wurde in den Gruppendiskussionen auch die Befürchtung geäußert, dass durch die ausgewählten zu bewertenden Items in den Itemlisten eine Blickverengung begünstigt wird.

Zitat aus der Evaluation:
«Bei der ICF besteht eher ein bisschen die Angst, dass man etwas Wichtiges nicht im Blick hat, weil es nicht im Katalog [Itemlisten] drin steht.»

Fixiert man sich zu sehr und ausschließlich auf die Items der Itemliste besteht die Gefahr, andere wichtige Aspekte zu übersehen. Als besonders wichtig wird vor diesem Hintergrund das Item «Sonstige» bewertet.

Zitat aus der Evaluation:
«Da finde ich es eben gut, dass man unter ‹Sonstiges› noch fakultativ etwas eingeben kann, wenn etwas [in der Itemliste] fehlt, was ich als wichtig erachte oder was wichtig wird.»

Hier seien die Fachkräfte aufgerufen, explizit zu überlegen, ob zusätzlich noch wichtige Aspekte benannt werden müssen.

11.4 – Ziele

Ziele priorisieren

Bereits bei der der ersten Gruppendiskussion wurden als eines der größten Vorteile der Förderplanung die Zielorientierung sowie die Möglichkeit der Priorisierung von Zielen genannt.

Die im Gesamtplan festgehaltenen Leit- und Rahmenziele werden in der Förderplanung auf kleinschrittige konkrete Ziele heruntergebrochen. Gemeinsam mit dem Klienten wird im nächsten Schritt festgelegt, welche Ziele vorrangig bearbeitet werden sollen und warum. Dabei gehen bereits erfasste Einschränkungen, Unterstützungsbedarfe und Ziele, die für diese Zeit nicht im Fokus stehen, nicht verloren.

Zitate aus der Evaluation:
«Die Förderplanung hilft, […] herauszufinden, woran man zuerst arbeiten sollte.»
«Die anderen ‹Sachen› habe ich durch die Struktur der Förderplanung auch im Blick, kann mich aber besser auf ein Ziel oder einen Schwerpunkt konzentrieren.»

Messbarkeit

Ein weiterer Vorteil der Förderplanung wird darin gesehen, dass die konkret formulierten Ziele besser messbar sind als die im Gesamtplan eher vage und umfassend formulierten Ziele.

Allein dadurch entstehen immer wieder kleinere Erfolgserlebnisse für den Klienten, aber auch für die Fachkräfte. Umgekehrt können nicht erreichte Ziele oder Ziel-Veränderungen konkret diskutiert und der Sachverhalt gemeinsam von Fachkraft und Klient begründet und bewertet werden.

Die klare Darlegung nicht erreichter Ziele kann zwar mitunter auch zu Frustration führen, bietet aber zugleich die Möglichkeit der Veränderung (beispielsweise von Maßnahmen).

Begründung von Erhaltungszielen

Als wichtiger Aspekt im Zusammenhang mit Zielen wurde in der Gruppendiskussion hervorgehoben, dass Erhaltungsziele durch die strukturierte Förderplanung besser begründet werden können. Mitunter werden im Gesamtplan formulierte Erhaltungsziele (also: «Die Situation soll sich nicht verschlechtern.») seitens des Leistungsträgers sehr kritisch hinterfragt, in der Annahme, dass in diesem Fall weniger intensive Maßnahmen notwendig wären. Über die Förderplanung kann belegt werden, welche Maßnahmen notwendig sind, um die Verschlechterung einer bestehenden Situation zu verhindern.

11.5 – Sprache

Gemeinsame Sprache durch ICF-Items

Ein wesentliches Ziel der ICF besteht in der Schaffung einer «gemeinsamen Sprache» aller Beteiligten. Im Rahmen der Gruppendiskussionen wird dies als positiver Effekt der ICF hervorgehoben: Durch die verbindlich festgelegten Items ist es möglich, genau zu definieren, worüber man gerade spricht. Dies betrifft sowohl den fachlichen Austausch im interdisziplinären Team als auch die direkte Klientenarbeit. Über die ICF-Items mit hinterlegten Einschätzungen der Teilhabefähigkeit oder -einschränkung ist eine transparente und nachvollziehbare Verständigung möglich.

Besonders für die Erstberatung wird dies als Vorteil hervorgehoben.

Zitate aus der Evaluation:
«Es ist schon ein Unterschied, ob ich in einem Gespräch allgemein frage: ‹Wie läuft es in der Arbeit?›, und jeder hat im Hinterkopf seine eigenen Kriterien für ‹läuft gut› und ‹läuft schlecht›. Man läuft Gefahr, aneinander vorbeizureden. Das ist nicht so, wenn man die Items und die Kriterien [der ICF] im Hinterkopf hat. Damit kann dem Klienten verständlicher gemacht werden, was unser fachlicher Blick ist.»

Verständlichkeit der «ICF-Sprache»

Als Kehrseite der verbindlichen festgelegten Items wird kritisiert, dass die Formulierungen häufig nicht ganz leicht zu verstehen sind und auf den ersten Blick recht «sperrig» wirken.

Dies gilt für das Fachpersonal, aber insbesondere für die Klienten. Zwar sieht die ICF grundsätzlich nicht vor, Klienten an der Situationseinschätzung via Itemlisten zu beteiligen. In der Praxis hat sich allerdings gezeigt, dass in vielen Fällen, so zum Beispiel bei der Erstberatung, eine gemeinsame Einschätzung der Situation – auch im Sinne der Selbstbestimmung der Klienten – wertvoll und sinnvoll ist. Hier erweist sich allerdings die schwer zugängliche Sprache der ICF als zusätzliche Hürde.

Zitat aus der Evaluation:
«Man muss das Item übersetzen. Wenn man den Bewerbern [im Erstgespräch] das so vorsetzen würde, würden 99 % sagen: ‹Das verstehe ich nicht.› Zumindest ist das mein Eindruck.»

Allerdings gehen «Übersetzungen» der ICF-Items zuungunsten der verbindlichen gemeinsamen Sprache. Hier ist aus Sicht der an der Gruppendiskussion beteiligten Fachkräfte ein wesentlicher Verbesserungsbedarf an der ICF gegeben.

Zitat aus der Evaluation:
«Wenn man jetzt eine allgemein verbindliche Übersetzung in leichter Sprache hätte, wäre das natürlich supertoll.»

11.6 – Förderung von Mitwirkung und Empowerment vs. Sinnhaftigkeit der Förderplanung – für Klienten nachvollziehbar?

In den Gruppendiskussionen wurde die ICF-basierte Förderplanung im weiteren Sinne teilweise als Unterstützung zum Empowerment der Klienten bewertet. Dies ergibt sich im Wesentlichen durch die Mitwirkung des Klienten, durch eine transparentere Zusammenarbeit mit der Fachkraft, aber auch durch das kleinschrittigere und damit handhabbare Vorgehen der Förderplanung. Diese Aspekte wurden bereits in einem anderen Zusammenhang erwähnt (vgl. S. 107). Vor dem Hintergrund des Empowerment-Gedankens bekommen sie eine weitere Bedeutung.

Sozusagen als «Kehrseite der Medaille» wurde in den Gruppendiskussionen berichtet, dass einige Klienten die Sinnhaftigkeit der Förderplanung nicht verstehen, sie eher als zusätzliches «Muss» erleben.

Wie diese entgegengesetzten Einschätzungen zustande kommen und in welchen Zusammenhängen sie stehen, konnte – im relativ kurzen Evaluationszeitraum – nicht abschließend geklärt werden. Möglicherweise muss das Setting für die Förderplanung individuell besser angepasst werden.

Mehr Empowerment durch Transparenz und Mitwirkung

Die Systematik der Förderplanung «verlangt» eine Gegenüberstellung bzw. Aushandlung der Selbstwahrnehmung des Klienten und der Außenwahrnehmung der Fachkraft. Liegen diese weit auseinander, bietet die Förderplanung die Möglichkeit, dies festzuhalten. Damit besteht die Möglichkeit, Differenzen zu dokumentieren und somit deutlicher zu zeigen, warum gewisse Bereiche nicht bearbeitet werden oder wünschenswerte Entwicklungen nicht möglich sind.

Diese Auseinandersetzung kann zwar für beide Seiten unbequem und mitunter auch frustrierend sein, sie begünstigt jedoch einen offenen und transparenten Umgang sowohl mit gemeinsamen Zielen als auch mit unterschiedlichen Einschätzungen und Prioritätensetzungen. Daraus entsteht für den Klienten letztlich ein «Mehr» an Handlungssicherheit.

Zitat aus der Evaluation:
«Ich habe bei den Klienten, mit denen ich die Förderplanung schon gemacht habe, festgestellt, dass es für sie auch klarer war: ‹Aha, da müssen wir vielleicht doch was tun oder da könnten wir was tun.› Ich konnte [im Betreuungsalltag] sagen: ‹Wissen Sie noch, wir haben doch was ausgemacht ...› Und das war für die Klienten einfach klarer. Von daher sehe ich die Förderplanung auch für den Klienten als Vorteil, weil man so besser gemeinsam an einem Strang zieht.»

Durch diese explizit verankerte Transparenz und Mitwirkung in der Förderplanung ebenso wie in der Umsetzung der Maßnahmen werden Selbstwert und Selbstbestimmung des Klienten wesentlich gestärkt. Diese positive Wirkung wird insbesondere im Erstgespräch, in dem die Klienten sich größtenteils selbst einschätzen, aber auch in den anderen Bereichen beobachtet.

Selbstwirksamkeit durch kleine Erfolge

In der Förderplanung werden kleinschrittige, handhabbare Ziele und Maßnahmen vereinbart, die einem Leitziel folgen. Im Rahmen der regelmäßigen Fortschreibung der Förderplanung werden die Gesamtsituation sowie der Erfolg der Maßnahmen reflektiert. Fachkraft und Klient sehen sozusagen «schwarz auf weiß» welche – teilweise auch sehr kleinen – Fortschritte erreicht wurden. So kommt es immer wieder zu Erfolgserlebnissen, die den Klienten in seiner Selbstwirksamkeit bestätigen.

Zitate aus der Evaluation:
«Ich finde es auch gut, dass die kleinen Fortschritte sichtbar werden. Das war beim HEB [Gesamtplan] nicht so. Wenn man da nach einem Jahr noch mal schaut, ist es oft so, dass man den Eindruck hat, es sei gar nicht so viel passiert. Bei der Förderplanung finde ich es schön, dass kleine Erfolge

sichtbar werden. Das ist auch für den Klienten schön, wenn er mal sieht, er hat was geschafft, auch wenn es jetzt nur was Kleineres ist.»
«Man hat durch die Förderplanung schwarz auf weiß, was wir erreicht haben, wie gut etwas funktioniert hat, und das schafft Erfolgserlebnisse.»

(Manche) Klienten können von der Förderplanung nicht profitieren

Anders als in den vorherigen Bewertungen wird in der Gruppendiskussion teilweise moniert, dass es Klienten gebe, die den Sinn der Förderplanung nicht nachvollziehen können, sie teilweise als störend oder sogar belastend erleben. Dies betreffe insbesondere Klienten mit langen und/oder schweren Krankheitsverläufen, die schon sehr lange fachlich betreut werden, und bei denen eher im Vordergrund stehe, eine Verschlechterung der Situation zu vermeiden.

Zitate aus der Evaluation:
«Ich glaube, ein Nachteil ist auch, dass die Klienten oft den Sinn der Sache nicht verstehen. Das ist bei Klienten, die ich betreue, der Fall, die chronisch krank sind. Die sagen eher: ‹Warum sollen wir das denn machen, jetzt bin ich schon so lange da, und es geht doch eigentlich ganz gut.› Sie setzen sich dann hin und haben das Gefühl, sie müssen jetzt wieder was Neues verstehen.»
«Der Sinn ist schwierig zu transportieren, finde ich.»
«Wenn ich mir vorstelle, dass ich einem unserer chronischen Klienten erzähle, dass ich mit ihm alle vier Monate eine Förderplanung machen möchte, mit Zielen usw., ist bei ihm die Hölle los. Es passiert dann bei denen schon ganz schnell, dass die dann so eine Panik entwickeln, oder eine Vorstellung davon, was das dann zu bedeuten hat, dass es mehr schadet als nutzt.»
«[Durch die Förderplanung] ist man unter Druck, und gibt den Druck auch an die Klienten weiter, dass man irgendwas fördern muss, oder dass man irgendwas findet, wo man ihn fördern kann. Manchmal gibt es da einfach nicht viel, und man ist einfach nur froh, wenn es so bleibt.»

Andererseits gibt es auch andere Einschätzungen zum Nutzen der Förderplanung für sogenannte «chronisch psychisch kranke» Menschen.

Zitate aus der Evaluation:
«Ich kann die ICF auch dazu verwenden, den Erfolg zu dokumentieren: Das Ziel ‹keine Verschlechterung› habe ich erreicht.»
«Am Anfang ging es mir auch so, dass ich mir gedacht habe: ‹Oh je, was mache ich denn jetzt mit dem oder mit dem ...› Aber das ist etwas, was man

dann mit sich selbst ausmachen muss, denn die ICF(-basierte Förderplanung) gibt das ja nicht vor.»

Insgesamt zeigt sich durchaus der Bedarf, die ICF-basierte Förderplanung an die Möglichkeiten der Klienten anzupassen. Vorschläge dazu wurden im Rahmen der Gruppendiskussion formuliert.

Zitate aus der Evaluation:
«Ich würde mir wünschen, dass die Zeitabschnitte dynamischer gestaltet werden können, auch mit mehr Eigenverantwortung der Mitarbeiter, also dass die Mitarbeiter selber entscheiden können, in welchem Zeitabstand bei welchem Klienten die FP gemacht werden soll.»
«Ich habe ja eben schon von den Klienten in meiner WG erzählt, die gesagt haben, sie hätten das gerne spielerischer.»

Zukünftig gilt es, weitere Erfahrungen mit unterschiedlichen Settings und dem Turnus der Förderplanung zu sammeln und auszuwerten.

11.7 – Verbesserte Kommunikation an internen und externen Schnittstellen?

Zum Zeitpunkt der Evaluation konnten nur wenige Erfahrungen bei der bereichsübergreifenden interdisziplinären Förderplanung gesammelt werden. In der Kooperation zwischen den internen Teilbereichen Wohnen und Arbeit kommt die Förderplanung bislang nicht systematisch zum Einsatz. Zukünftig soll diese jedoch stärker einbezogen werden. So könnten zum Beispiel die Ergebnisse der Förderplanung in die Quartalsbesprechungen (quartalsweise Treffen zwischen zuständigem Fachpersonal aus beiden Bereichen mit dem Klienten) einfließen.

Zitat aus der Evaluation:
«Zukunftsorientiert könnte man in die Quartalsbesprechung die Förderplanung gleich mit einbauen. Man hat ja die gleiche Grundlage, was ja auch eins der großen Vorteile einer solchen Instrumentalisierung ist. Man hat ja die gleichen Itemlisten und spricht die gleiche Sprache. Somit hat man die gleiche Grundlage, auf der man die Planungen macht.»

Zudem wurde im Bereich Arbeit beobachtet, dass durch die Förderplanung deutlicher wird, wenn Unterstützungsbedarfe nicht mehr in die eigentliche Zuständigkeit fallen oder die Einbeziehung des Bereichs Wohnen erforderlich ist. Das kann klar an den zuständigen Betreuer im Bereich Wohnen kommuniziert werden.

Innerhalb der einzelnen Teams wird die Förderplanung als gutes Mittel bewertet, den Überblick über die jeweiligen vereinbarten Ziele zu behalten. Dies erleichtert es Kollegen, im Vertretungsfall mit den Klienten an den jeweiligen Zielen weiterzuarbeiten. Teaminterne Fallbesprechungen auf der Basis der Itemlisten fanden noch nicht statt. In manchen Teamsitzungen wurden Förderpläne von Klienten gemeinsam besprochen, was als sehr hilfreich empfunden wird.

Zitat aus der Evaluation:
«Es wurde eigentlich jedem nochmal klarer, wie man vorgehen kann, wie Ziele und Maßnahmen formuliert werden können …»

Hinsichtlich der Schnittstelle zum Leistungsträger (überörtlicher Sozialhilfeträger) konnte das Zusammenspiel zwischen den Instrumenten des Gesamtplans und der Förderplanung zum Zeitpunkt der Evaluation noch nicht ausreichend erprobt werden. Rückmeldungen gibt es lediglich im Bezug darauf, wie die Förderplanung sich aus dem HEB-Bogen (Gesamtplan) heraus entwickelt.

Zitat aus der Evaluation:
«Wir haben es jetzt so geregelt, dass wir dann gleich im Anschluss [an den Gesamtplan] die Förderplanung machen. Da merkt man schon, dass man für sich alles noch mal konkretisiert, dadurch dass man es in das Raster bekommt. Man schaut sich die Einschränkungen in der Teilhabe an, die dazugehörigen Barrieren und Förderfaktoren und dadurch wird klarer, was ich im Rahmen unserer Möglichkeiten eigentlich bearbeiten kann und habe nicht das globale aus dem HEB vor mir. Es wird klarer, was zu tun ist.»

In Einzelfällen konnte die *Förderplanung* dazu beitragen, gegenüber dem Kostenträger bei Nachfragen zu kommunizieren, was genau geplant ist und aus welchem Grund.

Zitat aus der Evaluation:
«Ich finde gerade bei chronischen Klienten ist es gut, die Förderplanung oder überhaupt eine konkrete Planung zu haben. Mir ist es jetzt schon sehr, sehr oft passiert, dass der [Leistungsträger] anruft und nachfragt, […] was wir eigentlich machen. Dann sehe ich es schon als Vorteil, wenn ich genau sagen kann, das und das habe ich aus dem und dem Grund geplant.»

11.8 – Fazit

In den Gruppendiskussionen wurde deutlich: Eine ICF-basierte Förderplanung kann die Betreuungsarbeit positiv beeinflussen. Sie kann den Kontakt zu den Klienten und die Arbeit an sich wesentlich strukturieren und dem Betreuungsalltag eine Zielausrichtung geben. Individuelle Bedarfe können transparent dargestellt und an interdisziplinäre Schnittstellen gut verständlich kommuniziert werden.

Eine ICF-basierte Förderplanung eignet sich dazu, sowohl Einschränkungen in der Teilhabe sowie dazugehörige Kontextfaktoren zu erfassen. Sie bietet eine Gesprächsgrundlage bei abweichenden Einschätzungen.

Eine einmal festgelegte Itemliste kann nicht alle Aspekte der sozialen Rehabilitation abbilden. Es kann nicht davon ausgegangen werden, dass alle Eventualitäten durch eine solche Liste abgebildet werden können. Eine dynamische Handhabung und Anpassung der Itemlisten ist daher erforderlich.

Die Einschätzungen der Einschränkungen sind bisher nicht operationalisiert, des Weiteren ist die Anwendbarkeit bzw. der Nutzen der von der WHO vorgegebenen Ratingscala fraglich. Möchte man die ICF jedoch nutzen, muss dies zunächst hingenommen werden.

Die ICF eignet sich nicht dazu, einen Betreuungsbedarf zu errechnen oder Ähnliches. Sie kann jedoch eine gute Grundlage zur Begründung eines Bedarfs bieten.

Trotz einiger noch ungeklärter Fragen und durchaus bestehender Kritik an der ICF-basierten Förderplanung, wurde zum Schluss der zweiten Diskussionsrunde von allen Teilnehmern geäußert, dass sie diese auf jeden Fall beibehalten würden.

Zitat aus der Evaluation:
«Ich behaupte jetzt mal, wir würden die Förderplanung auf keinen Fall abschaffen. Am Anfang gab es zwar schwere Kritikpunkte, zum Beispiel mit dem Erhebungszeitraum, da hätte ich jetzt vielleicht gesagt: ‹Bloß weg damit!› Aber so, wie wir es jetzt machen, finde ich es gut.»

Teil IV – Ausblick und Empfehlungen

In diesem Kapitel wollen wir zum Abschluss des Handbuchs ICF-basierte Förderplanung weitere Anwendungsmöglichkeiten der ICF in der Praxis und Weiterentwicklungspotenziale der ICF-basierten Förderplanung vorstellen. Wir beschränken uns hierbei auf einige ausgewählte und relevant erscheinende Aspekte.

12 – Weiterentwicklungsbedarf und -potenzial

12.1 – Die ICF zur Stärkung der Fachkompetenzen im multiprofessionellen Team

Für eine alle Lebensbereiche berücksichtigende umfassende Hilfeplanung ist das Zusammenspiel der Kompetenzen unterschiedlicher Fachdisziplinen notwendig. Diese sind in der Hilfe für psychisch kranke Menschen insbesondere die Bereiche Medizin/Pflege/Sozialpädagogik, Soziale Arbeit/Ergo-, Beschäftigungs-, Kunst- Musik- und Sporttherapie/Psychologie.

Die ICF bildet die unterschiedlichen Fachdisziplinen gewissermaßen über die Domänen und Items ab. Zwar gibt die ICF nicht vor, welche Fachdisziplinen auf welcher Grundlage zu welchen Items Einschätzungen vornehmen, «zwingt» jedoch, zumindest indirekt, hierzu stärker in die Diskussion zu gehen. Nicht jedes Item erfordert die Einschätzung durch eine bestimmte Fachdisziplin. Ein großer Vorteil der ICF ist ja gerade, dass derselbe Sachverhalt – zum Beispiel «Verhalten in einer Beziehung regulieren (d7202)» – aus verschiedenen fachlichen Perspektiven beurteilt wird.

Gleichzeitig gibt die ICF aber auch Items vor, deren Einschätzung einer spezifischen Fachkompetenz (oder Fachdisziplin) inklusive der Anwendung spezifischer Instrumentarien bedarf. Dies kann exemplarisch anhand des Items «Funktionen der Intelligenz (b117)» verdeutlicht werden. Zur Einschätzung gibt es unterschiedliche (validierte) Instrumentarien. Die Einschätzung wird üblicherweise in der Psychiatrie durch Psychologen oder Fachärzte vorgenommen, die ICF macht hierzu keine speziellen Vorgaben. Würde in der Praxis die Einschätzung der Intelligenz beispielsweise durch einen Sozialarbeiter vorgenommen werden und rein auf dessen Beobachtungen beruhen (ohne fachärztliche oder psychologische Begutachtung, ohne Anwendung spezifischer Messverfahren), müsste hinterfragt werden, inwiefern diese Einschätzung «Gültigkeit» hat und somit wirksam zur Förderplanung herangezogen werden kann. Noch deutlicher stellt sich die Frage, wer Items aus der Domäne «Körperstruktur» einschätzt, beispielsweise «Struktur des Gehirns» (S110). Die erforderliche Kompetenz (und die erforderlichen Instrumentarien) obliegen vorwiegend den Fachärzten.

Anders als in Einrichtungen der medizinischen Rehabilitation oder in psychiatrischen Kliniken sind in Einrichtungen der sozialen Rehabilitation Ärzte, und meist sind auch Psychologen oder Psychotherapeuten nicht Teil des internen multiprofessionellen Teams. Im kbo-SPZ haben wir uns deshalb zunächst dafür entschieden, Items aus der Domäne «Körperstruktur» und «Körperfunktion» nicht in die ICF-basierte Förderplanung einzubeziehen. Dies hat allerdings den wesentlichen Nachteil, dass die Situationsbeschreibung teilweise unvollständig bleibt und somit dem Gesamtanspruch der ICF als auch der personenbezogenen Förderplanung nicht gerecht wird. Wir müssen uns im Weiteren im kbo-SPZ darauf konzentrieren, ein vollständiges Kompetenzprofil (Berufsgruppenmix) im Sinne und zum Wohle unserer Klienten vorzuhalten.

Vor diesem Hintergrund ergeben sich aus unserer Sicht zwei wesentliche Entwicklungsbedarfe bzw. -potenziale:

1. In Einrichtungen, die intern kein «vollständiges» multiprofessionelles Team vorhalten, ist zu klären, welche Kompetenz(en) «von außen» für eine ganzheitliche Einschätzung der Situation im Sinne der ICF hinzugezogen werden muss (müssen), und wie die entsprechende Zusammenarbeit mit den externen Fachdisziplinen regelhaft gestaltet werden kann.

2. Berufsgruppen wie Ergotherapeuten, aber auch Sozialpädagogen, müssten ihre Fachkompetenzen so schärfen und mit entsprechenden Methoden/Assessmentverfahren fundieren, dass sie gesicherte Einschätzungen zu Items, die besonders ihre Fachdisziplin betreffen, vornehmen können. Fachliche Einschätzungen oder Empfehlungen an den Klienten sollen unseres Erachtens auf einer begründeten und somit objektivierbaren Beobachtung erfolgen.

In vielen Einrichtungen finden *interdisziplinäre Personenbesprechungen im Sinne einer kollegialen Beratung* statt: Eine Fachkraft bringt einen «Fall» mit einer spezifischen Fragestellung ein; gemeinsam werden im multiprofessionellen Team Lösungsansätze erarbeitet. Zur Durchführung der kollegialen Fallbesprechung gibt es unterschiedliche Methoden. Hat man sich für die Einführung einer ICF-basierten Förderplanung entschieden, so bietet es sich an, Personenbesprechungen im Sinne einer kollegialen Beratung auch unter dem Blickwinkel der ICF durchzuführen. Ein positiver «Nebeneffekt» hierbei ist, dass die Philosophie der ICF über Personenbesprechungen verinnerlicht und eine Übertragung auf die Förderplanung unterstützt wird.

Zitat aus der Evaluation:
«Es wurde eigentlich jedem noch mal klarer, wie man vorgehen kann, wie Ziele und Maßnahmen formuliert werden können.»

Möglichkeiten sind zum Beispiel:

- systematische Fallbeschreibung und Beratung unter den Aspekten Gesundheitsproblem – aktuelle Situation (im benannten Bereich) – personenbezogene Ressourcen und Barrieren – umweltbezogene Ressourcen und Barrieren
- Beschreibung eines aktuellen Problems unter Heranziehung einer Itemliste (aus dem vorab benannten Bereich) und der Einschätzungen. Ein unserer Ansicht nach gelungenes Praxisbeispiel findet sich bei Hummel (2006: 25ff.).

Wir wollen in der weiteren Verstetigung unserer ICF-basierten Förderplanung im kbo-SPZ ein Modell der *Durchführung ICF-basierter Personenbesprechungen* im multiprofessionellen Team erarbeiten. Dieses soll auch «leistungsbereichsübergreifend» zum Einsatz kommen und die Bereiche Selbstversorgung/Wohnen, Arbeit/Beschäftigung, Tagesstrukturierung und medizinische Versorgung (z.B. unter Einbeziehung der niedergelassenen Fachärzte und Psychotherapeuten sowie der psychiatrischen Institutsambulanzen) umfassen. Dabei gilt es, Erfahrungen und Ergebnisse aus anderen Evaluationsvorhaben – wie dem im kbo-ISK durchgeführten Projekt zur Einführung der Mini-ICF-APP in der stationären Akutversorgung[8] – und Versorgungskontexte (wie der Jugendhilfeplanung) einzubeziehen.

Mittel- bis längerfristig sollten auch Fall- und Personenkonferenzen im Rahmen der Hilfepläne der jeweiligen Leistungsträger ICF-basiert erfolgen. Dies könnte wesentlich zur Entwicklung eines gemeinsamen Rehabilitationsverständnisses beitragen, setzt allerdings voraus, dass die ICF auch bei den Leistungsträgern bekannt ist und genutzt wird.

8 Im kbo-ISK ICF-Projekt Mini-ICF-APP (im Fachbereich Sozialpsychiatrie) wurde festgestellt, dass durch die hohe Beteiligung unterschiedlicher Fachkräfte am Behandlungsprozess mit je unterschiedlichen Wahrnehmungen und Erfahrungen am Patienten eine Zusammenführung dieser im multiprofessionellen Team sehr hilfreich ist. Im Besonderen, wenn das soziale Funktionsniveau des Patienten auf der Grundlage eines gemeinsamen Verständnisses von Kategorien und Sprache (auf der Grundlage der Mini-ICF-APP) erfolgt. Im Stationsprozess sollen gemeinsame multiprofessionelle Personenbesprechungen bei der Gestaltung und Umsetzung eines qualitätsgesicherten Behandlungsprozesses Unterstützung leisten (Witzmann, kbo-interne Gesprächsnotiz, 2013).

12.2 – Anschlussfähigkeit der Instrumente über Einrichtungs- und Trägergrenzen hinweg

Eines der wichtigsten Ziele der ICF ist die Förderung eines «gemeinsamen Rehabilitationsverständnisses» und einer «gemeinsamen Sprache» zwischen allen am Rehabilitations- und Unterstützungsprozess beteiligten Akteuren.

Wie eingangs erwähnt, nutzen aktuell – abgesehen von Einrichtungen der medizinisch-beruflichen Rehabilitation – nur wenige Träger und Einrichtungen im Bereich sozialer Rehabilitation für Menschen mit psychischer Erkrankung die ICF. Wir erwarten, dass sich dies in den nächsten Jahren ändern wird – die ICF wird Einzug halten in alle Rehabilitationsbereiche.

Bei der Entwicklung von ICF-basierten Assessment- und Förderplanverfahren sollte unbedingt auf eine *Anschlussfähigkeit der jeweiligen Instrumente/Verfahren* geachtet werden. Instrumente und Verfahren sollen die Überleitung und Anschlussfähigkeit von Hilfen bzw. Assistenzleistungen kompetent unterstützen. Behandlungs-, Rehabilitations- und Förderabbrüche oder Barrieren sollten, soweit nicht selbst vom Klienten erwünscht, nicht durch mangelnde Anschlussfähigkeit der Hilfen (Hilfssysteme) unterbrochen werden. Dies gilt im Besonderen auch bei der Transition von Hilfen vom Kinderalter ins Jugend-, ins Erwachsenen- und ins hohe Lebensalter.

Aus Sicht einer Einrichtung, die bereits mit ICF-basierter Förderplanung arbeitet, bedeutet dies, die wichtigsten Kooperationspartner – wie zum Beispiel psychiatrische Kliniken und Rehabilitationsträger – zu identifizieren und mit ihnen gemeinsam eine Abstimmung der Instrumente vorzunehmen bzw. zu entwickeln. Dies betrifft insbesondere das ICF-basierte Eingangs- und Ausgangsassessment.

Das ICF-basierte *Eingangsassessment* ist sozusagen an der Nahtstelle zu ggf. vorherigen Leistungserbringern und zu der zukünftigen Leistungserbringung in der eigenen Einrichtung verortet. Idealerweise schließt das Eingangsassessment an das Entlassmanagement/Ausgangsassessment der vorherigen Einrichtung – häufig einer psychiatrischen Klinik, aber auch verschiedener Rehabilitationsträger – an. In der Praxis gibt es bislang kaum Beispiele einer guten ICF-basierten Verzahnung an dieser Nahtstelle. Hier sollten zukünftig über die Einrichtungsgrenzen hinweg eine Abstimmung der Instrumente und Verfahren erfolgen, zum Beispiel im Rahmen von Modellprojekten.

Im **kbo-SPZ** erfolgt das Eingangsassessment überwiegend über die Lotsenstelle (zentrale «Eingangstür» für alle Angebote zum ambulant betreuten Wohnen). Viele der Interessenten, die sich an die Lotsenstelle wenden, kommen aus einer psychiatrischen Klinik. Somit stellt die Lotsenstelle auch die Nahstelle zum Entlassmanagement aus dem akutklinischen Versorgungsbereich sicher und hilft bei der Sicherstellung der Anschlussfähigkeit im Einzelfall (soweit hier das kbo-SPZ als Anbieter in Frage kommt). In diesem Kontext beginnt an der Nahtstelle zur Klinik bereits bei der ersten Kontaktaufnahme die Förderplanung. Hier beschäftigen wir uns mit der Frage, wie der Prozess des Entlassmanagements der Akutklinik und die zur Anwendung kommenden Assessements und Instrumente der Klinik so gestaltet werden können, dass diese zur ICF-basierten Förderplanung anschlussfähig werden. Im klinischen Versorgungsalltag könnte hier die Mini-ICF-APP (vgl. Linden M. et. al., 2009) ein entsprechendes Anschlussinstrument sein, welche bereits während der Akutversorgung die Patientenexploration zu einigen grundlegenden Items des *social functioning* ergänzt und somit zu einem fundierteren Nachsorge- und Überleitungsmanagement beiträgt.

Hinsichtlich des *Ausgangsassessments* ist vor allem zu klären, wie es gelingen kann, die bei der Nachsorgeüberleitung oder Beendigung der Maßnahme relevanten ICF-basierten Förderplanergebnisse (im Sinne einer Gesamtschau inklusive eines potenziellen Ausblicks auf anzuschließende Förderplanziele/-maßnahmen) so aufzubereiten, dass diese im weiteren Verlauf für den Klienten bzw. für mögliche Folgeanbieter verständlich und aussagekräftig zur Verfügung stehen.

Eine Gesamtbewertung der erfolgten Förderplanung im Kontext eines Ausgangsassessments ist für den Klienten und seine Bezugspersonen sowie für die für die Bereitstellung des Versorgungsangebots zuständigen Leistungsträger als auch für den konkreten Anbieter und die Mitarbeitenden notwendig. Nur durch eine Gesamtbetrachtung der erzielten Förderergebnisse kann eine gemeinsame Bewertung des «Geleisteten» erfolgen und somit auch die Qualität der bereitgestellten Struktur- und Prozesse bewertet werden. Im kbo-SPZ beschäftigt uns, wie es uns gelingen kann, diese Gesamtbetrachtung und -bewertung gemeinsam durchzuführen, und welches Setting hier zur Anwendung kommen kann. Hier könnte ein ICF-basierter Abschlussbericht über den Gesamtförderzeitraum hilfreich sein.

Beim Ausgangsassessment außerhalb der Förderplanung (also nicht geplante Unterbrechungen oder Beendigungen der Fördermaßnahmen) sehen wir folgende zu lösende Fragestellungen, die unseres Erachtens im Zusammenwirken mit den an den Nahtstellen der im Versorgungssystem beteiligten Leistungsanbieter und -träger zusammen mit der organisieren Selbsthilfe gelöst werden muss:

- Wie gelingt uns die Aufbereitung der relevanten Förderplanergebnisse im Sinne eines anschlussfähigen Berichts, zum Beispiel für die Klinik bei erfolgter Einweisung zur Akutbehandlung, um die Information als auch die Anschlussfähigkeit für die an der Behandlung Tätigen zu gewährleisten?
- Wie gelingt es uns zeitnah und auf welcher Grundlage gelingt es uns, mit erfolgter Zustimmung des Klienten die relevanten Ergebnisse so dazustellen, dass diese auch zum Beispiel im vorab genannten Beispiel für die Behandler nutzbar sind?

Grundsätzlich sehen wir Weiterentwicklungsmöglichkeiten hinsichtlich der Nutzung eines *IT-gestützten Gesamtdokumentationssystems* auf der Grundlage der ICF-basierten Förderplanung. Dieses sollte (per Knopfdruck) die Gesamtschau aller Erhebungen der erfolgten Förderplanung und der Entwicklungen der einzelnen Klienten ermöglichen. Als eine Art «Ergebnisbericht» könnte es an den Nahtstellen der Versorgung die qualifizierte Anschlussbehandlung oder Förderung unterstützen.

Auch darüber hinaus sollte zukünftig die *Anschlussfähigkeit zu den Hilfeplanungs-Instrumenten bzw. den erforderlichen Anträgen und Berichten der verschiedenen Leistungsträger* stärker in den Fokus genommen werden. Im Sinne einer für den Klienten und das Fachpersonal nachvollziehbaren «ganzheitlichen» logisch zusammenhängenden Hilfeplanung sollten die jeweiligen Anträge, Berichte sowie Hilfe- und Förderplaninstrumente zueinander harmonisiert werden. Hierzu sollten die Leistungsträger miteinander in Austausch treten und ihre Instrumente und Verfahren entsprechend weiterentwickeln.

12.3 – Die ICF verständlicher machen

Im Rahmen unseres Projektes wurde mehrfach von den Beteiligten (Klienten und Mitarbeitenden) geäußert, dass die ICF-Terminologie schwer zu verstehen bzw. schwer im Förderplangespräch zu vermitteln ist. Dies ist unseres Erachtens gut nachvollziehbar, da Sprache und Geschriebenes oft komplex und nicht von sich aus verständlich sind und die ICF-Begriffe manchmal «sperrig» im Gespräch wirken. Für einige Menschen stellt zusätzlich das im Alltag stattfindende Gespräch bzw. das Lesen von Texten eine Barriere dar. Wir brauchen Lösungen, wie wir diese Barrieren möglichst für unsere Klienten und auch für uns Profis abbauen und zu mehr «Verständigung» und «Verständnis» kommen. Begrifflichkeiten sollen nicht das Förderplangespräch unnötig verkomplizieren, sondern zu mehr Verständigung und Klarheit führen.

> **Zitate aus der Evaluation:**
> *«Wenn man [...] eine allgemein verbindliche Übersetzung in leichter Sprache hätte, wäre das natürlich supertoll.»*
> *«[Hilfereich wären zum Beispiel auch] zwei, drei Blätter, die zusammenfassend den Sinn rüber bringen.»*

Ein möglicher Ansatz hierzu wäre, die *ICF in «leichte Sprache» zu übersetzen*, die im Rahmen der Behindertenhilfe (im Kontext der Inklusionsdebatte) eingeführt wurde.

Hier ergeben sich aktuell allerdings zwei grundsätzliche Probleme:

1. Wir haben die Erfahrung gemacht, dass die im Rahmen der Behindertenhilfe entwickelten Vorschläge zur «leichten Sprache» von psychisch kranken Menschen häufig als «zu einfach» abgelehnt wird. Sie fühlen sich dadurch teilweise stigmatisiert und abgewertet.
2. Die WHO sieht nicht vor, dass die Items der ICF übersetzt oder umformuliert werden. Dies würde die Intention einer gemeinsamen Sprache geradezu konterkarieren – Vorteile wie fachgruppenübergreifende, einrichtungsübergreifende, internationale Verständigung gingen verloren. Somit wäre es Aufgabe der WHO – analog der Übersetzungen der ICF in verschiedene Sprachen – eine Übersetzung in «leichte Sprache» zu entwickeln und frei zu geben.

Gleichwohl beschäftigt uns im kbo-SPZ die Frage, wie es gelingen kann, Begrifflichkeiten und Instrumente im Kontext der ICF-basierten Förderplanung so zu gestalten, dass diese möglichst einfach und verständlich in der Praxis bei Klienten und Mitarbeitenden zur Anwendung kommen können. Wir wollen Sprachbarrieren abbauen helfen. Im Zentrum stehen Begegnung und Dialog der Beteiligten, und die zur Anwendung kommende Sprache muss auch von den Beteiligten leicht beherrschbar sein. Dokumentiertes muss unterstützend wirken und darf nicht für sich ins Zentrum des Geschehens gesetzt werden.

Ein anderer Ansatz zur besseren Verständlichkeit bzw. Verständigung ist, die *Förderplanung zu visualisieren.*

Über einen «spielerischen Zugang» zum Förderplangespräch und die Anwendung von gesprächsunterstützenden Visualisierungstechniken könnten komplexe Zusammenhänge besser greifbar gemacht werden.

Zitat aus der Evaluation:
«Ich habe ja eben schon von den Klienten in meiner WG erzählt, die gesagt haben, sie hätten das gerne spielerischer.»

Auch mit diesen Aspekten werden wir uns im Prozess der Weiterentwicklung unserer ICF-basierten Förderplanung beschäftigen. Unterstützen können hierzu Ergebnisse des Vorhabens der Bundesarbeitsgemeinschaft der freien Wohlfahrtspflege im Rahmen der Entwicklung der sogenannten «Teilhabekiste» (vgl. Bundesarbeitsgemeinschaft der freien Wohlfahrtspflege & Institut Personenzentrierte Hilfen gGmbH 2014). Es wurden zum Beispiel sehr gute Erfahrungen gemacht, wenn Klienten aus einer Vielfalt von Fotos zu unterschiedlichen Aspekten der Teilhabe am Leben wählen konnten, und diese mit Grundlage waren zur Beschreibung der Förderziele und Maßnahmen. Ebenso werden Förderziele mit selbstgemachten Fotos bildlich ergänzt, die den Klienten und Mitarbeitenden aufzeigen, was gemeinsam vereinbart und erreicht werden soll.

Grundsätzlich können unseres Erachtens Erkenntnisse und Methoden aus der Anwendung von Visualisierungstechniken herangezogen werden. Visualisierungstechniken unterstützen bei der Veranschaulichung und Vereinfachung von komplexen Inhalten oder Zusammenhängen. Die Umsetzung spielerischer Zugänge wird in verschiedenen Bereichen der Pädagogik und Psychologie eingesetzt. Interessant ist in diesem Zusammenhang auch der Ansatz von Janssen-Cilag und Ravensburger, die mithilfe eines spielerischen Ansatzes, dem therapeutischen Spiel «Kompetenz» Schizophrenie-Patienten unterstützen wollen, ihre emotionale und soziale Kompetenzen zu verbessern (vgl. INFO Neurologie & Psychiatrie 2012: 78). Solche Ansätze können Modell sein, für mehr Mut zu einem spielerischen Geschehen zwischen pädagogisch-therapeutisch tätigen Fachkräften und Klienten.

12.4 – Nutzung der ICF zur Selbsteinschätzung der Klienten

Entsprechend der Vorgaben der WHO soll die Situationseinschätzung über Itemlisten ausschließlich von Fachkräften vorgenommen werden. Dies halten wir in verschiedener Hinsicht für problematisch.

Die Hilfe- und Förderplanung (nicht nur) in der sozialen Rehabilitation psychisch kranker Menschen folgt dem Anspruch der Stärkung von Selbstbestimmung, der Gestaltung einer Beziehung auf Augenhöhe. Entsprechend erfolgt die Förderplanung gemeinsam mit dem Klienten – im Fokus steht die Verwirklichung der Ziele des Klienten. Würde man die der Förderplanung zugrunde liegende Situationseinschätzung prinzipiell ohne Mitwirkung des Klienten vornehmen, so ergäbe sich dadurch ein wesentlicher Bruch zur gesamten Logik der Hilfe- und Förderplanung. Unserer Ansicht nach darf die Definitionsmacht über die Situationsbeschreibung und Einschätzung von Fähigkeiten und Defiziten nicht allein beim Fachpersonal liegen. Vielmehr muss es darum gehen, eventuell unterschiedliche Einschätzungen von Klient und Fachpersonal herauszuarbeiten und sich damit auseinander zu setzen. Unterschiede in der Selbst- und Fremdeinschätzung lassen sich somit auch therapeutisch nutzen (vgl. Diakonisches Werk, der EKD e. V. 2009: 86).

Im Rahmen der ICF-basierten Förderplanung haben wir im kbo-SPZ mit einigen Klienten in dieser Weise gearbeitet und – ein geeignetes Setting vorausgesetzt (z. B. gemeinsame Verständigung über die Items im Gespräch) – damit durchaus positive Erfahrungen gemacht.

Schlusswort

Durch die Einführung einer ICF-basierten Förderplanung werden, wie bereits aufgezeigt, viele positive Wirkungen erzeugt. Uns ist wichtig darauf hinzuweisen, dass das Vorhandensein einer Itemliste und eines geregelten Förderplanprozesses die Fachkräfte nicht von der Notwendigkeit der Reflexion und Selbstreflexion des Geschehens entbindet. Nur durch die Fähigkeit zur Selbstreflexion (zum Beispiel über die eigenen Ressourcen und Fähigkeiten), durch das Nähe- und Distanz-Verhältnis der Beziehung zwischen Klient und begleitender Bezugsperson, durch die Übertragung eigener Lebensanschauungen und Lebensentwürfe auf die Entwicklung von Zielen und Maßnahmen bei der Förderplanung oder durch die Entwicklung von Handlungsstrategien bei der Begleitung kann unseres Erachtens eine verantwortliche, kompetente und qualitative Begleitung durch die Fachkräfte erfolgen.

Jedes Unternehmen hat neben der Anstellung qualifizierter Fachkräfte auch für deren Kompetenzentwicklung und Möglichkeiten der Selbstreflexion und Reflexion der Geschehnisse im Rahmen der Bereitstellung von Assistenzleistungen zu sorgen. Die Weiterentwicklung der ICF-basierten Förderplanung und der zur Anwendung kommenden Instrumente ist eine wichtige Aufgabe des Unternehmens und der dort tätigen Führungskräfte. Dazu gehört auch die Bereitstellung der zur Umsetzung der Förderplanung relevanten Struktur- und Prozessqualität. Das Unternehmen sollte sich auch zur Systematisierung des Förderplanprozesses und zur kontinuierlichen Weiterentwicklung der Itemlisten auf die sich veränderten Zielgruppen verpflichten und in diesem Kontext prüfen, inwieweit über diese noch die Teilhabesituation der Mehrheit der Klienten im Unternehmen erfasst wird. Diese anspruchsvolle Verpflichtung zur kontinuierlichen Weiterentwicklung der ICF-basierten Förderplanung und der damit einhergehenden Personalentwicklung erfordert die Bereitstellung entsprechender Ressourcen, welche seitens der Leistungsträger im Rahmen der Leistungs- und Entgeltvereinbarungen angemessene Berücksichtigung finden sollte.

Zur Aufrechterhaltung und kontinuierlichen Begleitung der ICF-basierten Förderplanung hat sich im kbo-SPZ Folgendes bewährt:

- Schaffung einer «ICF-Beauftragten», Multiplikatoren und einer «Begleitgruppe ICF/Förderplanung». Die «ICF-Beauftragte» und die Multiplikatoren sind Fachansprechpartnerinnen für alle Führungskräfte und Mitarbeiter im Unternehmen rund um das Thema «ICF und Förderplanung».

- Integration der ICF-basierten Förderplansystematik in das Qualitätsmanagementsystem.
- Koppelung der geforderten Kompetenzen mit der Personalentwicklung (Kompetenzprofile für Mitarbeiter und Führungskräfte, Inhouse-Schulungen z. B. zur Anwendung der Itemlisten).
- Bei der Förderplanung den Fokus auf den Prozess, die Prozessgestaltung legen und nicht nur auf die Anwendung anerkannter valider Instrumente.

Wir möchten Sie ermutigen, sich mit der ICF-basierten Förderplanung zu beschäftigen. Im kbo-SPZ hat sich der Einsatz zur Durchführung dieses Projektes gelohnt, und sowohl Klienten als auch Mitarbeiter und Führungskräfte bestätigen, dass eine Stärkung und Durchdringung der partnerschaftlichen Haltung, der Förderung des gemeinsamen Dialogs, der Konkretisierung von Förderzielen und den daraus resultierenden Maßnahmen, der Steigerung der Transparenz und Nachvollziehbarkeit gemeinsamen Handelns sowie der Ergebnisbewertung gelungen ist. Fachliches und kompetentes Handeln der Mitarbeiter wurde bei gleichzeitiger Förderung selbstbestimmten Handelns der Klienten gestärkt. Im Großen und Ganzen ein tolles Projekt!

Fachbegriffe und Abkürzungen

Core Set

Unter einem ICF-Core-Set versteht man eine Liste mit ausgewählten Items aus der ICF, die in der Praxis dazu dienen soll, eine Beschreibung der derzeitigen Funktionsfähigkeit zu ermöglichen. Die WHO setzt hier aufwendige wissenschaftliche Prozesse bei der Entwicklung voraus (vgl. DIMDI 2014).

Domäne

Im hierarchischen Aufbau der ICF fassen Domänen unterhalb der Komponenten (Körperfunktionen und -Strukturen, Aktivitäten/Partizipation, Umweltfaktoren, personenbezogene Faktoren) inhaltlich sinnvolle Mengen von Items zusammen.

Beispielsweise: Klassifikation der Aktivitäten und Partizipation (Komponente), d5 Selbstversorgung (Domäne), d510 sich waschen (Item), d5101 den ganzen Körper waschen (Item).

Förderplanung

Mit Förderplanung bezeichnen wir die einrichtungsinterne Hilfeplanung. Sie konkretisiert den Hilfeplan und dient der Planung und Umsetzung kleinschrittigerer Ziele und daraus abgeleiteter Maßnahmen. Die Förderplanung wird als dialogisches Verfahren im Betreuungsprozess unterstützend eingesetzt.

Hilfeplan

Der Begriff Hilfeplan bezeichnet im Kontext dieses Handbuches alle seitens der Leistungsträger verbindlich eingeführten Verfahren im Rahmen der Kostenbeantragung für Leistungen der sozialen Rehabilitation/Teilhabe psychisch kranker Menschen.

Hilfeplanung

Der Begriff Hilfeplanung umfasst den gesamten Prozess der Planung von Unterstützungsleistungen. Hierzu gehört die einrichtungsinterne Förderplanung ebenso wie der Hilfeplan.

ICF (International Classification of Functioning, Disability and Health)

«Die ICF dient fach- und länderübergreifend als einheitliche und standardisierte Sprache zur Beschreibung des funktionalen Gesundheitszustandes, der Behinderung, der sozialen Beeinträchtigung und der relevanten Umgebungsfaktoren eines Menschen. Mit der ICF können die bio-psycho-sozialen Aspekte von Krankheitsfolgen unter Berücksichtigung der Kontextfaktoren systematisch erfasst werden.» (DIMDI 2014)

Itemliste

Liste ausgewählter ICF-Items, die für die Praxis als relevant erachtet werden. Eine Itemliste ist ein NICHT wissenschaftlich entwickeltes Core Set.

Personenbesprechung

Wir verwenden den Begriff Personenbesprechung analog zum Begriff Fallbesprechung. Gemeint sind damit alle Besprechungen im – meist multiprofessionellen – Team, in denen es um eine Fragestellung im Zusammenhang mit einem Klienten bzw. seiner Situation geht.

Psychisch krank

Wir verwenden überwiegend den Terminus «psychisch krank», da sich viele unserer Klienten damit besser identifizieren können als mit dem in der internationalen Behindertenpolitik und in relevanten Sozialgesetzen verwendete Terminus «seelisch behindert». Gemeint sind alle Menschen, die aufgrund erheblicher psychischer Belastungen Anspruch auf soziale Rehabilitation/Teilhabe am gesellschaftlichen Leben nach SGB IX haben.

Soziale Rehabilitation

Im deutschen Sozialgesetzbuch sind Leistungen der Eingliederungshilfe für Menschen mit körperlicher, geistiger, seelischer oder Sinnesbehinderung als soziale Rehabilitation (nach SGB XII) neben der beruflichen und medizinischen Rehabilitation (vorwiegend SGB III, V und VI) verankert. Daher verwenden wir den Begriff soziale Rehabilitation. Diese umfasst Angebote, Leistungen bzw. Maßnahmen zur sozialen und/oder gesellschaftlichen Wiedereingliederung/Teilhabe psychisch kranker Menschen.

WHO (World Health Organisation)

Englische Abkürzung der Weltgesundheitsorganisation: Organisation, die weltweit das öffentliche Gesundheitswesen koordiniert. (WHO 2014)

Literatur

Bagüs – Bundesarbeitsgemeinschaft der überörtlichen Träger der Sozialhilfe (2009): Der Behinderungsbegriff nach SGB IX und SGB XII und die Umsetzung in der Sozialhilfe. Orientierungshilfe für die Feststellungen der Träger der Sozialhilfe zur Ermittlung der Leistungsvoraussetzungen nach dem SGB XII i. v. m. der Eingliederungshilfe-Verordnung (EHVO). Im Internet: www.lwl.org/spur-download/bag/orientierungshilfe_behinderungsbegriffendf_24112009.pdf [19.07.2014]. 26 Seiten.

Bayerische Bezirke (2009): Gesamtplan gemäß § 58 SGB XII für Leistungen der Eingliederungshilfe für erwachsene Menschen mit seelischer Behinderung. Leitfaden der bayerischen Bezirke zum Verfahren. Im Internet: www.bay-bezirke.de/downloads/539009fba570a2bca5210ea2731c7cff_Leitfaden.pdf [25.07.2014].

Beuth Verlag (2009): DIN 69901-1:2009-01 Project management – Project management systems – Part 5: Concepts, Beuth Verlag. Im Internet: www.beuth.de/de/norm/din-69901-5/113428752 [27.07.2014].

Bundesarbeitsgemeinschafe der Freien Wohlfahrtspflege (2013): Eckpunkte zu einem Bundesleistungsgesetz zur Teilhabe von Menschen mit Behinderungen. 10. Dezember 2013. Im Internet: www.bagfw.de/uploads/tx_twpublication/2013-12-10_BundesleistungsG.pdf [25.07.2014].

Bundesarbeitsgemeinschaft der Freien Wohlfahrtspflege & Institut Personenzentrierte Hilfen gGmbH (Hrsg.) (2014): Wie misst man Teilhabe in der Eingliederungshilfe? Im Internet: www.google.de/url?url=http://www.lag-sh.de/app/download/5795249426/2014_Wissenschaftlicher_Abschlussbericht_IPH-1.pdf&rct=j&frm=1&q=&esrc=s&sa=U&ei=u-brTU8LwBYv64QSn5YGwCA&ved=0CDAQFjAF&usg=AFQjCNGhO7HWmzQ-1VHyX8vQbhlkbTo1KuA [25.07.2014].

Bundesarbeitsgemeinschafe der Freien Wohlfahrtspflege & Deutscher Behindertenrat und fachvrbände für Menschen mit behinderung (2014): Gemeinsames Positionspapier zur Schaffung eines Bundesteilhabegesetzes. Berlin. 23. Mai 2014 Im Internet: www.deutscher-behindertenrat.de/ID147704 [25.07.2014].

Bundesarbeitsgemeinschaft der überörtlichen Träger der Sozialhilfe (BAGüS) (2009): Der Behinderungsbegriff nach SGB IX und SGB XII und die Umsetzung in der Sozialhilfe. Im Internet: www.lvr.de/media/wwwlvrde/soziales/berdasdezernat_2/dokumente_228/weitereveranstaltungen/2012_ausfueller_auswerter_ihp3/Der_Behinderungsbegriff.pdf [11.07.2014].

Bundesarbeitsgemeinschaft der überörtlichen Träger der Sozialhilfe (BAGüS) (2007): Vorläufige Empfehlungen zur Aufstellung und praktischen Anwendung des Gesamtplans nach § 58 SGB XII im Rahmen der Einzelfallsteuerung in der Eingliederungshilfe nach dem SGB XII1. Im Internet: www.lwl.org/LWL/Soziales/BAGues/Veroeffentlichungen/empfehlungen (15.07.2014).

Bundesarbeitsgemeinschaft für Rehabilitation – BAR (Hrsg.) (2006): ICF – Praxisleitfaden 1 – Trägerübergreifender Leitfaden für die praktische Anwendung der ICF (Internationale Klassifikation der Funktionsfähigkeit, Behinderung und Gesundheit) – beim Zugang zur Rehabilitation. Frankfurt am Main.

Bundesarbeitsgemeinschaft für Rehabilitation – BAR (Hrsg.) (2008): ICF – Praxisleitfaden 2 – Trägerübergreifende Informationen und Anregungen für die praktische Nutzung der

Internationalen Klassifikation der Funktionsfähigkeit, Behinderung und Gesundheit (ICF) – in medizinischen Rehabilitationseinrichtungen. Frankfurt am Main.

Bundesarbeitsgemeinschaft für Rehabilitation – BAR (Hrsg.) (2010): ICF – Praxisleitfaden 3 – Trägerübergreifende Informationen und Anregungen für die praktische Nutzung der Internationalen Klassifikation der Funktionsfähigkeit, Behinderung und Gesundheit (ICF) – für das Krankenhausteam. Frankfurt am Main.

Busse S. & Ehlert G. (Hrsg.) (2009): Soziale Arbeit und Region: Lebenslagen, Institutionen, Professionalität. RabenStück Verlag. Berlin.

Deutscher Verein für Öffentliche und Private Fürsorge e.V.(2009): Empfehlungen des Deutschen Vereins zur Bedarfsermittlung und Hilfeplanung in der Eingliederungshilfe für Menschen mit Behinderungen.

Im Internet: www.deutscher-verein.de/05-empfehlungen/empfehlungen_archiv/2009/pdf/DV%2006-09.pdf [09.02.2014].

Deutsches Institut für medizinische Dokumentation und Information (DIMDI) (Hrsg.) (2006): ICF. Internationale Klassifikation der Funktionsfähigkeit, Behinderung und Gesundheit, Verlag MMI Medizinische Medien Information GmbH, 63263 Neu-Isenburg.

Diakonisches Werk der EKD e.V. (2009): Dokumentation: Gesundheit und Teilhabe – Perspektiven und Nutzung der ICF. Fachgespräch 11. Dezember 2009. Im Internet: www.beb-ev.de/files/pdf/2010/2010-03-26DokuICF-Tagung11.12.09.pdf [19.07.2014] 141 Seiten.

Eliot A. & Fryer J. (2008): The goal construct in psychology. In: J. Shah & W. Gardner (eds.): Handbook of Motivation Science. Guilford, New York.

Grotkamp S. et al. (2010): Personbezogene Faktoren der ICF, Gesundheitswesen 2010; 72: 908–916.

Hummel S. (2006): ICF – ein Perspektivenwechsel in der Rehabilitation psychisch erkrankter und behinderter Menschen. Seminararbeit am Studiengang Master of Mental Health. München 2006. Im Internet: www.pantucek.com/diagnose/texte/hummel_ICF/hummel_ICF_text.pdf [20.7.2014].

INFO Neurologie & Psychiatrie (2012): Pressegespräch «Nachhaltige Schizophrenietherapie heute – das Zusammenwirken von medikamentösen und psychosozialen Behandlungsansätzen» im Rahmen des DGPPN-Kongresses in Berlin, 24.11.2011 Veranstalter: Janssen-Cilag. Vol. 14, Nr. 5.

Jackel D., Hoffmann H., Weig W. (Hrsg.) (2010): Praxisleitlinien Rehabilitation für Menschen mit psychischen Störungen. Psychiatrie Verlag GmbH, Bonn.

Jenny B. (2008): Projektmanagement. Das Wissen für den Profi. Vdf Hochschul-Verlag, Zürich.

Kleinbeck U. (2006): Handlungsziele. In: J. Heckhausen und H. Heckhausen (Hrsg.): Motivation und Handeln (3. Aufl.). Springer, Heidelberg.

Koestner R., Lekes N., Powers T.A. & Chicoine E. (2002): Attaining personal goals: Self concordance plus implementation intentions equals success. Journal of Personality and Social Psychology, 83.

Kraus E. (2009): Das Persönliche Budget: Ein Gesetz und seine Herausforderungen für Sozialunternehmen im Bereich Sozialpsychiatrie – eine explorative Studie. Unv. Masterarbeit. Im Internet: www.mmh.hm.edu/pdf/stud_ma/2005/MA%20Kraus.pdf [30.03.2014).

Landeswohlfahrtsverband Hessen (Hrsg.) (2011): Der integrierte Teilhabeplan (ITP) Hessen. Ein Instrument zur Planung der Unterstützungsleistungen für Menschen mit Behinderungen in Hessen. Im Internet: www.lwv-hessen.de/webcom/show_article.php/_c-329/_nr-168/i.html [15.03.2014].

Linden M., Baron S., Muschalle B. (2009): Mini-ICF-APP. Verlag Hans Huber, Hogrefe AG Bern.

Locke E. & Latham G. (1990): A theory of goal setting and task performance. Perntice Hall, Englewood Cliffs, NJ.

Maio G. (2012): Mittelpunkt Mensch: Ethik in der Medizin. Schattauer, Stuttgart.

Meier R. (2009): Projektmanagement Grundlagen, Methoden und Techniken. GABAL, Offenbach.

Müller de Menezes R. (2011): Soziale Arbeit in der Sozialhilfe. Eine qualitative Analyse von Fallbearbeitungen. Springer, Wiesbaden.

Online Verwaltungslexikon (2014): Definition von Projekt/Projektmanagement.: Im Internet: www.olev.de/p/projekt.htm, [15.07.2014].

Pantucek P. (2003): Diagnose in der Sozialarbeit: Von der Persönlichkeits- zur Situationsdiagnostik. Referat im Workshop der Sektion Sozialarbeit am Kongress der Österreichischen Gesellschaft für Soziologie in Wien, 26.11.2003. Im Internet: www.pantucek.com/texte/diagnose_oegs.html.

Pantucek P. (2006): Soziale Diagnostik in der Klinischen Sozialarbeit. In: Klinische Sozialarbeit. Zeitschrift für psychosoziale Praxis und Forschung. 2/2006.

Schernus R. (2005): Soziale Kultur und Markt. Vom Eigen-Sinn der Menschlichkeit. Bielefeld. Vortrag am 17.02.05 in Bad Homburg. Im Internet: www.diakonie-htk.de/pdf/vortraege/schernus.pdf [28.03.2014].

Schmidt C. (2013): Hohe Luft: Bestimmt Selbst. In: Hohe Luft, Hamburg. 24–29.

Schuntermann M. F. (2009): Einführung in die ICF – Grundkurs – Übungen – offene Fragen, 3. überarbeitete Auflage, Ecomed Medizin, Landsberg/Lech.

Schmitt-Schäfer T. & Engel H. (2011): Evaluation des Gesamtplanverfahrens nach § 58 SGB XII für Menschen mit einer seelischen Behinderung. Abschlussbericht 2011 Bayern.

Pietsch B., Perleth M., Schwartz W. (2010): Krankenhauscontrolling, 4. Aufl. Stuttgart.

Weigand H., Schädle-Deininger H. (1998): Alltagsbegleitung und Pflege. In Beziehung halten. In: Handwerksbuch Psychiatrie. Psychiatrie-Verlag, Bonn.

Weltgesundheitsorganisation (WHO) (2005): ICF-Checkliste, deutsche Fassung. Im Internet: www.dimdi.de/static/de/klassi/icf [15.07.2014].

Link-Verzeichnis

DIMDI Deutsches Institut für Medizinische Dokumentation und Information
→ ICF in deutscher Übersetzung.
www.dimdi.de/static/de/klassi/icf/ www.dimdi.de/static/de/klassi/icf/

DIMDI Deutsches Institut für Medizi8nische Dokumentation und Information
→ Erklärung Core Set.
www.dimdi.de/static/de/klassi/icf/icf-projekte.html.

Gesamtplanverfahren in Bayern auf der Seite des Bayerischen Bezirketags.
www.bay-bezirke.de/baybezirke.php?id=465.

Informationen zu ICF Anwenderkonferenzen der Deutschen Rentenversicherung.
www.deutsche-rentenversicherung.de/Allgemein/de/Navigation /3_Fachbereiche/01_Sozialmedizin_Forschung/01_sozialmedizin/klassifikationen/icf_anwenderkonferenzen_node.html.

kbo-SPZ: www.kbo-spz.de

Offizielle Seite der WHO mit allen Informationen zur ICF.
http://www.who.int/classifications/icf/en/.

Offizielle Projektliste zur ICF der WHO «ICF-Projekte im deutschsprachigen Raum».
www.dimdi.de/static/de/klassi/icf/icf-projekte.html.

REHADAT www.rehadat-forschung.de.

WHO – Weltgesundheitsorganisation: www.who.int/en/

Grundlagen der Hilfeplanung in Niedersachsen/Hannover auf der Seite des Niedersächsischen Landesamt für Soziales, Jugend und Familie
http://www.soziales.niedersachsen.de/portal/live.php?navigation_id=31091&article_id=367&_psmand=2.

Grundlagen der Hilfeplanung in Hessen auf der Seite des Landeswohlfahrtsverband Hessen. ITP:
https://dom.lvr.de/lvis/lvr_recherchewww.nsf/3EBCFDB36954EE57C12578B50026E2BE/$file/vorlage13-1359-anlage1.pdf (Stand 22.07.2014).

Handbuch zum ITP:
http://www.lwv-hessen.de/files/272/Manual__Handbuch__fuer_den_ITP_Hessen.pdf (Stand 22.07.2014).

Grundlagen der Hilfeplanung in Thüringen auf der Seite der Stadt Jena:
http://www.jena.de/de/stadt_verwaltung/stadtverwaltung/dezernat4/fd_soziales/team_sozialhilfe_in_einrichtungen/antrag_eingliederungshilfe_in_einrichtungen/258647 (Stand 22.07.2014).

Zum Download bereitstehende Dokumente

http://www.verlag-hanshuber.com/index.php/icf-basierte-foerder-und-teilhabeplanung-fuer-psychisch-kranke-menschen.html

Projektphasen
Die Tabelle gibt im Sinne einer Checkliste einen Überblick über relevante Punkte, die in den einzelnen Projektphasen schon bei der Planung des Projekts «ICF-basierte Förderplanung» zu berücksichtigen sind (Kapitel 5.1).

Projektplan
Der Projektplan benennt die wichtigsten Meilensteine für ein Projekt zur ICF-basierten Förderplanung. Er lässt Freiheiten zur eigenen Gestaltung und Differenzierung (Kapitel 7).

Klärung von Schnittstellen
Ein Teil der Projektplanung ist, mögliche relevante Schnittstellen zu definieren, sich zu überlegen, welche Maßnahmen im Vorfeld und im Projektverlauf ergriffen werden müssen, um die Projektziele gut erreichen zu können. Schnittstellen und internen Beteiligungen werden hier in Anlehnung an den Stakeholder-Analyse-Prozess erstellt (Kapitel 7.2).

Projektstrukturplan
Der Projektstrukturplan bündelt die wesentlichen Schritte des Projekts «ICF-basierte Förderplanung» und stellt diese übersichtlich dar. Er enthält in logischer Reihenfolge Aufgaben mit unterschiedlichem Detaillierungsgrad: Aufgabenblöcke, Arbeitspakete sowie detaillierte Aufgaben. Der Projektstrukturplan bildet auch die Organisation von Beteiligungen und Abstimmungen ab (Kapitel 7.4).

Projektgruppen
Abgeleitet aus dem Projektstrukturplan sind die verschiedenen Arbeitsgruppen für ein Projekt zur ICF-basierten Förderplanung zu bilden (Kapitel 7.6).

Förderplanung Übersicht
Der Förderplan enthält alle Elemente der Förderplanung. Er dient als Leitfaden für den Prozess der Förderplanung und der Dokumentation der Erhebungen bzw. der gemeinsam vereinbarten Ziele und Maßnahmen (Kapitel 8.4).

Itemlisten
Die Grundlage für die Situationsbeschreibung im Rahmen der Förderplanung bilden **ICF-Itemlisten.** Hiermit wird eine einheitliche Basis zur Erhebung der IST-Situation bereitgestellt. Es gibt insgesamt sieben ICF-Itemlisten zu folgenden Bereichen, die sich auf die Leistung im Alltag konzentrieren (Kapitel 8.6).

1. ICF-Itemliste **Soziale Beziehungen**
2. ICF-Itemliste **Selbstversorgung und Wohnen**
3. ICF-Itemliste **Arbeit**
4. ICF-Itemliste **Tagesgestaltung und Freizeit**
5. ICF-Itemliste **Umgang mit den Auswirkungen der Erkrankung**
6. ICF-Itemliste **Personenbezogene Faktoren**
7. ICF-Itemliste **Umweltfaktoren**

Workshop
Präsentation für Schulungen/Workshops zur ICF-basierten Förderplanung. Die Grundlagen, das Vorgehen bei der internen Förderplanung und Fallbeispiele sollen einen Überblick verschaffen und die Förderplanung praxisnah verständlich machen (Kapitel 8.10)

Leitfaden Förderplanung
Der Leitfaden dient der Unterstützung des Fachpersonals bei der Umsetzung der Förderplanung. Er schafft damit eine Verbindlichkeit und Transparenz innerhalb des Unternehmens, aber auch gegenüber den Klienten, denen der Leitfaden selbstverständlich ausgehändigt werden kann (Kapitel 8.11).

Evaluationsdesign Gruppendiskussion
Informationen zur Durchführung einer Evaluation, die eine systematische Bewertung des Projekts und des Instruments «ICF-basierte Förderplanung vornimmt, sind im Design einer Gruppendiskussion hier zusammengefasst (Kapitel 10).